红色基因

★ 忠诚篇 ★

蒋海升 主编

张家豪　李元勋 编著

泰山出版社 ·济南·

序言

讲好红色故事,激活红色基因

党的十八大以来,习近平总书记多次强调,红色基因就是要传承,让信仰之火熊熊不息,让红色基因融入血脉,让红色精神激发力量,要把理想信念的火种、红色传统的基因一代代传下去,让革命事业薪火相传、血脉永续。

红色基因是什么?红色,代表着光明与温暖,象征着革命与胜利,凝聚着力量,引领着未来。"红色基因"是中国共产党人的精神内核,是中华民族的精神纽带,始终贯穿在中国共产党从小到大、从弱到强、不断从胜利走向胜利的辉煌历程中。建党一百年来,中国共产党书写了波澜壮阔的革命史、艰苦卓绝的奋斗史、可歌可泣的英雄史。一部党史,蕴含着丰富的革命精神,包含了革命先辈的崇高理想和坚定信念,凝聚了党的优良革命传统和集体智慧。红色基因形成于艰苦卓绝的战争年

★ 忠诚篇 ★

代,在井冈山、瑞金、遵义、延安、西柏坡等地凝聚,并伴随着中国革命、建设、改革的伟大历程传承至今。红色基因是历史的积淀,是历史真正厚重之所在。红色基因中有信仰,能够使我们"不畏浮云遮望眼";红色基因中有定力,能够使我们"咬定青山不放松";红色基因中有成功之道,能够使我们从看似"山重水复疑无路"中,领略"柳暗花明又一村"的意境。红色基因植根于革命先烈用鲜血染红的泥土中,传承于一代一代人不懈奋斗的事业中,与我们每一个人情感相连、命运相系,是我们精神的归宿、初心的原点。它清晰地告诉我们——今天的中国从何处来,又往何处去。

红色基因中包含着信念。信念是革命理想高于天的坚定信仰,目光远大,追求高远;红色文化是一种崇高、坚定、顽强的信念文化。真正的革命者清楚地认识到革命的本质,因而具有坚定的意志和崇高的使命感。"但有使命,万死不辞。"信仰不够坚定,面对困难中途退出,那是逃兵,不是革命者;信仰不够坚定,面对危险选择变节,那是叛徒,不是革命者。革命者的使命感就是人生的意义在于革命事业。敌人"只能砍下我们的头颅,决不能丝毫动摇我们的信仰!我们的信仰是铁一般的坚硬的"。理想信念是革命者一往无前的坚实支撑。

红色基因中包含着忠诚。对党忠诚,是共产党人首要的政治品质。党一路走来,经历了无数艰险和磨难,但任何困难都没有压垮党,任何敌人都没能打倒党,靠的就是千千万万党员的忠诚。"党有指示,虽死不辞",爱党爱国,永远听党话、跟党走,服从中央、顾全大局,矢志不渝、至死追随,坚守高度自觉严格的革命纪律,任何时候、任何情况下都同党中央保持高度一致,一心一意、一以贯之,表里如一、知行合一。"对党绝对忠诚要害在'绝对'两个字,就是唯一的、彻底的、无条件的、不掺任何杂质的、没有任何水分的忠诚。"对党绝对忠诚,既是政治标准,更是实践标准。任何时候任何情况下都不改其心、不移其志、不毁其节,把对党忠诚真正落到实处。

红色基因中包含着为民。"人民对美好生活的向往,就是我们的奋斗目标。"中国共产党人的初心是什么?归根结底,就是"民心",即为民之心,为人民服务的心,对人民的拳拳赤子之心,带领人民创造幸福生活、满足人民对美好生活向往的心。坚持以人民为中心是共产党领导人反复强调的核心价值取向。党自成立之日起,就把坚持人民利益高于一切鲜明地写在自己的旗帜上,把实现好、维护好、发展好最广大人民的根本利益作为一切工作的出发点和落脚点。一百年来,我们党之所以能够从小到大、从弱到强,关键就在于始终坚持以人民为中心,权为民所用、情为民所系、利为民所谋,无私奉献,无怨无悔,践行全心全意为人民服务的根本宗旨。

红色基因中包含着奋斗。"宝剑锋从磨砺出,梅花香自苦寒来。"任何事业的成功离不开艰苦奋斗。奋斗是艰辛的,艰难困苦、玉汝于成,没有艰辛就不是真正的奋斗,在艰苦奋斗中才能净化灵魂、磨砺意志、坚定信念。奋斗是长期的,前人栽树、后人乘凉,伟大事业需要几代人、十几代人、几十代人持续奋

★ 忠诚篇 ★

斗。坚持和发扬艰苦奋斗精神是我们党一个永恒的主题。艰苦奋斗是党在长期革命、建设过程中形成的优良传统和作风，是党的政治本色，是党的宝贵精神财富。艰苦奋斗的精神永远不会过时。

红色基因中包含着意志。革命者的意志是用钢铁做的，革命者具有坚强意志、不屈气节和反抗精神。越是困难时期，革命者的信仰越执着、意志越坚定。为了实现自己的理想和奋斗目标，即使牺牲生命也在所不惜。大义凛然，视死如归。战场拼死易，从容就义难。面对敌人的铁窗与枷锁，面对敌人的罪恶枪口，革命者们泰然自若，从容决绝。中国共产党人是特有的英勇顽强、意志如钢、敢于战斗、不怕牺牲、宁死不屈、不畏艰险、勇于拼搏、自强不息、一不怕苦二不怕死的战斗精神的凝结。

……

红色基因有丰富的内涵。红色基因，让青春常驻，让生命之花绽放，让人生的每个时期都有其独特的魅力。

生活在我们这样一个拥有无数先烈的国度里，英雄的故事有口皆碑，红色印记随处可见。然而，每个人内心里的红色种子，不会自然而然地长成参天大树，需要不断地呵护她、激活她，使其永葆生机与活力；需要不断地培育她、浇灌她，使其汲取养料茁壮成长。那么，如何激活红色基因呢？

习近平总书记在瞻仰井冈山革命烈士陵园时，曾讲过一段深情的话语，井冈山是革命的山、战斗的山，也是英雄的山、光荣的山，每次来缅怀革命先烈，思想都受到洗礼，心灵都产生触动。回想过去那段峥嵘岁月，我们要向革命先烈表示崇高的敬意，我们永远怀念他们、牢记他们，传承好他们的红色基因。遍布于全国各地的纪念馆、纪念地，是红色基因的"孕育地""储存库"，充分发挥好红色资源作用，经常到这些地方拜谒、瞻仰、学习，可以使我们的心灵得以滋养、灵魂得以净化、境界得以提升，从红色基因中汲取前进的力量。

历史是最好的教科书，也是最好的清醒剂。一本好书、一个好的故事，既是一扇窗户，让人走进历史、了解历史，也是一粒种子，让人在内心激发认同、产生情感共鸣。只有了解才能理解，只有"通情"才能"达理"，从而激活红色基因，把红色基因的根基扎深扎牢。

革命先烈、英模人物的榜样力量，是优良传统的人格化身，是红色基因的鲜活体现。从他们身上，我们能够感受到一种强烈的气场、一种催人奋进的力量。不懂历史的民族没有根，淡忘英雄的民族没有魂。激活红色基因，当以英模人物为榜样，自觉向他们看齐。"清气澄余滓，杳然天界高。"榜样就是阵阵"清气"，能够澄滤"余滓"，引导我们进入"杳然"人生之境。

"传统不是守住炉灰，而是热情火焰的传递。"红色基因不是古董，她的生命力在于挖掘出新的时代内涵，彰显出新的时代价值。感悟革命传统的崇高，激活我们身上的红色基因，最终要体现在为崇高事业的不懈奋斗中。唯有保持革命战争年代那么一股劲、那么一种革命热情、那么一种拼命精神，才能使

 ★ 忠诚篇 ★

红色基因代代相传,使我们的事业永续推进。

讲好红色故事,激活红色基因。一位作家说过:人生不是一支短暂的蜡烛,而是一支由我们暂时拿着的火炬,我们一定要把它燃烧得十分光明耀眼,然后交给下一代。红色基因鼓舞着一代又一代中华儿女为了中华民族的伟大复兴而坚强自立、坚持梦想、勇往直前。面对敌对势力的阻挠诋毁,面对自然灾害的汹涌来袭,我们不动摇、不懈怠、不折腾,用勤劳和智慧、用坚定与执着,写下了令世人惊叹的"中国故事"。今天,历史的接力棒传到我们手上,我们当分外珍惜这一荣光,在回首中铭记,在缅怀中传承,在开拓中弘扬,让红色基因融入血脉代代相传,永不褪色,不断书写出新的光辉篇章!

目录

01 杨明斋：探索革命道路的"忠厚长者" / 001
02 林育英：丹心向党 / 004
03 邓发：廉洁自律的革命者 / 007
04 熊瑾玎：深受周恩来信任的"红色管家" / 010
05 董健吾：传奇的牧师特工 / 013
06 帅孟奇：斗志昂扬的革命英杰 / 016
07 张金保：把一切献给党 / 019
08 方伯务：从容赴死，忠诚不渝 / 022
09 侯绍裘：云间有颗启明星 / 025
10 范鸿劼：直面北洋军阀的勇士 / 028
11 刘尔崧："热血冲霄汉，志气贯长虹" / 031
12 蒋先云：蒋介石器重的人却是坚定的共产党员 / 034
13 麻植：沉默中的忠诚勇士 / 037
14 潘忠汝："愿输血汗改山河" / 040

★ 忠诚篇 ★

15	罗纳川：三支半枪打天下	/ 043
16	曾延生、蒋竞英：伉俪尽忠同赴死	/ 046
17	张叔平：赤胆忠心为革命	/ 049
18	张宝泉：忠贞不渝的龙华烈士	/ 052
19	李源：宁死不屈写忠贞	/ 055
20	赵云霄："你的父母是共产党员"	/ 058
21	李鸣珂：被朱德称为"英雄"的兵运领袖	/ 061
22	冯铿：为忠诚身中数弹	/ 064
23	李硕勋：出入龙潭虎穴间	/ 067
24	刘德全：慷慨赴死，不屈不辱	/ 070
25	陈浅伦：马儿岩上一抹红	/ 073
26	李春亭："革命的细胞是新陈代谢的"	/ 076
27	梁德元：在隐蔽战线分化瓦解敌人的秘密党员	/ 079
28	陈原道：一生忠贞，一生践行	/ 082
29	王泰吉："宇宙将来到处红"	/ 085
30	刘畴西：从黄埔一期优等生到苏区名将	/ 088
31	刘启耀：自带干粮办公的省苏维埃主席	/ 091
32	吴焕先：为革命身先士卒	/ 094
33	蔡会文：地主家庭出身的优秀党员	/ 097
34	孙玉清：西路军杰出将领	/ 100
35	黄立贵：晒溪桥下埋忠骨	/ 103
36	赵鲁玉：为追求理想与兄长决裂	/ 106
37	徐海东："对中国革命有大功的人"	/ 109

38	冯白驹：让红旗飘扬在海南	/ 112
39	宣侠父：我党出色的兵运干将	/ 115
40	黄道："忠实党的利益"	/ 118
41	抗联八烈士：视死如归的巾帼英烈	/ 121
42	董天知："英气横贯比干岭，壮士常存鸭绿江"	/ 123
43	陈康容：积极投身抗日救亡运动的归国华侨	/ 126
44	何功伟：忠于党的"青年楷模"	/ 129
45	赵镈：为保护组织机密而英勇牺牲	/ 132
46	陈波：鲜血浸染的忠贞	/ 135
47	李子芳：华侨英烈，浩气长存	/ 138
48	张友清："党需要我怎样我就要怎样"	/ 141
49	邓振询："波涛翻滚永奔腾"	/ 144
50	许权中：坚决抗日，反对妥协	/ 147
51	符竹庭：擅打硬仗的良将	/ 150
52	王少奇：做过医生的游击队长	/ 153
53	华克之：成功打入日伪内部的特工	/ 156
54	刘炎：开拓新四军江南阵地的大功臣	/ 159
55	吕惠生："忠贞为国酬"	/ 162
56	梁鸿钧：南征北战，血洒蕉山	/ 165
57	罗世文："故国山河壮，群情尽望春"	/ 168
58	戎冠秀："子弟兵的母亲"	/ 171
59	皮定均：赤胆忠诚创奇迹	/ 174
60	李志业：战斗到底的忠诚英雄	/ 177

61	刘胡兰："生的伟大，死的光荣"	/ 180
62	朱克靖：一心革命，永不屈服	/ 183
63	张元寿：为前线打保障	/ 186
64	贾桂珍："巾帼不让须眉"	/ 189
65	毛培春：忠诚的"无名英雄"	/ 192
66	何雪松："似雪纯洁无瑕，似松坚韧不拔"	/ 195
67	何敬平：扭转颠倒的乾坤	/ 198
68	陈修良："巾帼岂无翻海鲸"	/ 201
69	张克侠：潜伏敌营20年的"特别党员"	/ 204
70	王文：红色电波铸忠诚	/ 208
71	冀朝鼎：在金融战线上潜伏20年的情报专家	/ 211
72	杨根思：铮铮铁骨护中华	/ 214
73	柴云振："国民党壮丁"出身的志愿军战斗英雄	/ 217
74	孟用潜：不在党内依然为党工作	/ 220
75	周智夫：以初心报党恩	/ 223
76	吴石："要知松高洁，待到雪化时"	/ 226
77	张志忠："台共四大金刚"之一	/ 229
78	邓成：戎马一生，离而不休	/ 232
79	仁增桑姆：忠诚报党恩	/ 235
80	谭东：雪山之巅显忠诚	/ 238

01 杨明斋：
探索革命道路的"忠厚长者"

1920年3月，共产国际派出以维金斯基为团长的工作组到中国活动，他们先后多次在北京与李大钊面谈，建议李大钊与上海的陈独秀等共产主义者会谈，决定发起建立中国共产党。这个小组中有一名中国人，担任翻译和协调工作，他就是杨明斋。

杨明斋，1882年出生于山东平度，7岁开始读私塾，16岁那年因家境贫寒辍学务农。后辗转符拉迪沃斯托克、西伯利亚等地边做工边读书，与在那里从事开矿、修路等繁重劳动的华工联系密切，积极参加了布尔什维克党领导的工人运动，并被推选为华工代表。十月革命前，他加入列宁领导的布尔什维克党，曾被派到沙俄的外交机关当职员，秘密为布尔什维克党工作。十月革命胜利后，他动员华工参军参战，参加了保卫苏维埃政权的斗争，为保卫十月革命成果，做了大量工作。因能力出众，他被选派到莫斯科东方劳动者共产主义大学学习，毕业后被组织派往当时日本人占领的符拉迪沃斯托克，以华侨负责

人的公开身份从事布尔什维克党的秘密工作。

1920年春,他回到中国后由俄共党员转为中共党员,从事中国革命工作。不久参与建立上海马克思主义研究会,并担任负责人。同年8月中旬,他和陈独秀、李汉俊、李达等人在上海法租界老渔阳里2号的《新青年》编辑部正式成立了中国的第一个共产党组织,取名为"中国共产党"。他参与决定将《新青年》杂志改为发起组织的机关刊物,并创办《共产党》月刊,宣传马克思主义和十月革命的经验。在此期间,他陪同维金斯基往来于北京、上海、济南等地,推动各地共产党组织的建立。1920年至1921年,他具体安排刘少奇、任弼时、萧劲光等20余人赴苏俄学习,为后来的中国革命培养了大批马克思主义革命者。1921年春,他与张太雷作为中共代表赴伊尔库茨克,向共产国际远东书记处汇报中共建党情况及与共产国际建立关系等问题,并起草了《关于建立共产国际远东书记处中国支部的报告》,提交共产国际第三次代表大会审议。

1921年中共一大以后,杨明斋从事党的理论教育和新闻宣传工作。1922年7月,他出席了中共二大,积极参与制定党的反帝反封建纲领。后任苏联顾问团翻译,在广州做促进国共合作的工作。他先后在《工人周刊》(中共北方党报)、劳动通讯社任编委,还参加了北京马克思学说研究会的工作。他以马克思主义理论研究中国思想文化,成为建党时期党内屈指可数的几个马克思主义理论家之一。1925年10月,为给中国革命和国共两党培养干部,他受党的委托在上海接收和选送学员,率领包括张闻天、王稼祥、乌兰夫、伍修权等在内的第二批学员百余人赴苏联到新组建的莫斯科中山大学学习。

1927年大革命失败后，杨明斋秘密回京津工作。面对白色恐怖下大批共产党人被逮捕杀戮的现实，他积极开展理论思考，用两年时间撰写并出版了18万字的《中国社会改造原理》一书，明确指出中国"要采纳社会主义"。为了保存力量，杨明斋被党指派到河北省丰润县（今丰润区）车轴山中学任教，在那里教育了许多学生投身革命。他对革命同志亲切和蔼，是个忠厚的长者。

因长期在极度严峻的环境下开展革命工作，杨明斋积劳成疾。1930年1月，在组织的安排下，他秘密越过边境前往苏联接受治疗。同年秋天，他在哈巴罗夫斯克扫盲站当中文老师，后到符拉迪沃斯托克，在当地的报纸和电台工作，并秘密从事革命工作。1931年被当作叛逃者流放到托姆斯克当勤杂工。1934年8月行政流放期满后到莫斯科，进入苏联外籍工人出版社工作，先后担任投递员和校对员。1938年2月，他被苏联当局以莫须有的罪名抓捕，同年5月惨遭杀害。

从开始为中国革命奔波到被捕牺牲，杨明斋始终没有放弃斗争，为了探索中国革命的道路，这位"忠厚的长者"奋斗一生。他一心为党、忠诚救国的革命精神永存。

02 | 林育英：
丹心向党

　　1935年夏，红一方面军和红四方面军在四川懋功（今四川小金县）会师，红四方面军领导人张国焘自恃兵多马壮，拒绝接受中央领导。中共中央不得不带领中央红军主力先行北上到达陕北与刘志丹部会师。与此同时，滞留四川的张国焘却成立由他自己担任"主席"的伪中央，红军趋于分裂。危急之时，一位自莫斯科乔装回到瓦窑堡的中共党员，以共产国际代表的名义，电令张国焘撤销伪中央，帮助毛泽东和中共中央顺利解决了难题。他就是林育英。

　　林育英，湖北黄冈人，早年曾在武汉读书，受十月革命影响，开始关心国家民族的前途命运，与好友恽代英创建利群书社，宣传马克思主义和阶级斗争。1922年，林育英加入中国共产党（在党内化名林仲丹，意为丹心向党），以饱满的热情投入工人运动。军阀吴佩孚制造二七惨案后，不少党员心生怯意，但林育英依然对党和革命抱有坚定信念，继续投入打倒军阀的斗争，曾在上海不幸入狱，身受重刑。

1927年，蒋介石、汪精卫先后叛变革命，大批共产党员惨遭屠杀，林育英临危不惧，在两湖各地奔走周旋，成功恢复湖南省委工作，其间还处决了出卖同志的叛徒。1930年春，林育英被派往东北指导工作，他化装成木材商，成功组建满洲临时省委，为党的事业竭尽全力。同年年底，由于叛徒出卖，林育英及其他30多名党员被日本人关进抚顺监狱。林育英在狱中受尽酷刑，多次昏死过去，身上伤口不计其数，脏器和四肢严重受损，但从未吐露一字。日寇大为惊讶，一度以为抓了个疯子，因为他们不相信中国有如此忠贞的革命者。九一八事变后，日本面临国际舆论压力，不得不释放了他。但三番两次入狱受刑，极大地损坏了林育英的身体健康。

1933年起，林育英远赴莫斯科，奉命担任中共驻共产国际代表团代表。1935年7月，为应对日益复杂的国际局势，共产国际决定成立反法西斯人民战线，因此迫切需要联系各国无产阶级力量。红军在长征初期的湘江战役中丢失了电台，此后几个月与莫斯科失去联系。在此情况下，共产国际指派林育英回中国寻找红军并传达最新指示。林育英化名"张浩"，扮作商人，经蒙古沙漠顺利到达陕北。党中央也立即根据林育英传达的指示召开了瓦窑堡会议，确立了抗日民族统一战线方针。

此时的中共中央完成了长征，却依然面临不利局面，因为此前红军总政委张国焘擅自另立伪中央，破坏团结。在中共中央的委托下，林育英以共产国际特派员的身份严肃批评张国焘的分裂举动，并要求其检讨之前在鄂豫皖苏区肃反扩大化等错

 ★忠诚篇★

误行为。张国焘天不怕地不怕，就怕共产国际。林育英电报一发，张国焘的"中央"自然就没了合法性，他不得不取消伪中央，同意跟随朱德、刘伯承率军一起北上，三大主力红军终于在1936年秋会师。

全面抗战爆发后，林育英担任八路军下属的一二九师政委。1940年，林育英由于积劳成疾，旧病复发病倒，1942年3月去世。毛泽东与朱德、任弼时等领导人为林育英执绋抬棺，将这位忠诚的战士安葬于桃花岭。

03 邓发：廉洁自律的革命者

邓发是我党历史上杰出的工人运动领袖，也曾在政治保卫工作方面做出杰出贡献。他是一个坚忍顽强的共产党员和马克思主义者。

邓发，1906年出生于广东云浮，因家境贫寒，15岁就去香港谋生。最初在船坞当工人，此后又辗转多家外资企业打工，目睹了资本家对待工人的贪婪和残忍后，邓发毅然加入工会，投身工人运动。在参与震惊中外的香港海员大罢工期间，邓发结识了工运先驱苏兆征，并于1925年10月经苏兆征介绍加入中国共产党。

1927年夏天，汪精卫叛变革命，国共合作破裂，邓发决定与国民党彻底划清界限，1927年年底参加张太雷指挥的广州起义。与此同时，我党在大革命失败后，由于受到国民党残酷镇压，活动不得不转入地下。为应对日益严峻的白色恐怖统治，中央组织部部长周恩来成立中国共产党中央特别行动科（简称"特科"），为党搜集情报，惩罚叛徒。邓发时任香港市委组织

 ★ 忠诚篇 ★

部部长、香港市委书记，同时负责香港特科工作。在此期间邓发曾经奉命处死叛徒，完成了组织交给的任务。

1931年后，邓发赴苏区从事政治保卫工作，主持"肃反"。1934年，邓发当选中央政治局候补委员，并跟随中央红军参加长征。长征途中，我军不仅要面对国民党的围追堵截和艰苦的环境，还要时刻提防党内出现的叛徒和混进队伍里的奸细。时任国家政治保卫局局长的邓发，一路上全力侦破国民党的破坏活动，保证党中央和部队机密的安全。20世纪40年代，邓发在延安继续从事工运老本行，亲自参加大生产运动，当时大后方著名的进步工人赵占魁就是邓发发现的。抗战胜利后，邓发在"黑茶山空难"中不幸殉职。

邓发一生廉洁奉公，不谋私利，对党竭忠尽节。有一次邓发不幸被国民党抓进监狱，遭受毒打，落下一身伤，但被组织营救出狱后，他没有养伤就继续投入下一步的工作中。当时党的经费非常紧张，邓发忘我地工作，常常忍饥挨饿，不仅从不向党伸手要钱，而且自己尽量节衣缩食，减轻组织的负担，一个水杯用了20多年。邓发还未结婚时，女友陈慧清（也是著名的工运领袖）有一次患病长达半年，邓发因工作繁忙，只去看望过一次，给女友留下5块银圆。结婚以后，邓发奉命赴海南处理工作，因手头没钱，不得不当去妻子唯一一件长袖上衣做路费。此外，邓发因工作原因常年和妻子分居两地，但从未向组织申请把妻子调到身边工作。更难能可贵的是，邓发自己已是清贫之身，但乐于助人，仍然不时地用自己微薄的工资帮助经济更加困难的同志，因此在党内有着极好的人缘。

邓发对于党员党性的要求极为严格。长征胜利结束后，邓发1936年6月去莫斯科向共产国际汇报工作，回国后担任中共驻新疆代表，帮助新疆军阀盛世才整顿当地的混乱局面。当时盛世才打着"亲苏"的旗号保存自己的力量，还装模作样要求入党，虽然我党当时对盛世才采取既斗争又团结的策略，但是邓发一眼看出盛世才居心叵测，既蠢且狠，坚决不批准他入党。结果苏德战争爆发后，盛世才果然走上反共亲蒋的道路。

04 | 熊瑾玎：
深受周恩来信任的"红色管家"

在我党秘密战线上，有一个颇具传奇色彩的人物。他是毛泽东早年的湖南学友，后来也加入了共产党。在20世纪30年代白色恐怖笼罩下的上海，为了让我党情报工作能够顺利地进行，他以开厂经商打掩护，不仅为上海地下党提供了安全的开会场所，也筹措了活动经费。同时，他一生作风正派，两袖清风，为我们展示了一名忠诚党员的优秀品格。他就是熊瑾玎。

熊瑾玎，1886年出生于湖南长沙，清末时曾经就读于梨江师范学校，在校长徐特立的影响下，他接触了反清革命思想。1914年后，熊瑾玎回到长沙，与何叔衡、毛泽东、谢觉哉相识，他们共同成立了新民学会，按照《新青年》倡导的观念，在湖南提倡白话文，反对封建旧道德。

熊瑾玎和毛泽东由此建立了深厚友谊，党的一大召开时，熊瑾玎还为毛泽东、何叔衡筹措路费。1921年8月，毛泽东为宣传马克思主义理论，创建湖南自修大学，熊瑾玎担任教务主任并在学校培养革命青年。第一次国共合作时期，熊瑾玎在湖南一师任教,大力支持湖南的工人运动和农会组织。国民党背叛革命后,熊瑾玎毫不犹豫地在武汉加入中国共产党,进入湖北省委秘书处工作。后因形势危急,熊瑾玎转赴上海,为掩人耳目,以商人名义开设了一家布店,暗地里负责为中央筹集经费和提供安全保卫工作。中共中央工作人员如周恩来、邓小平、李维汉、关向应、任弼时等经常在熊瑾玎的店内开会。

由于这一时期上海白色恐怖空前严重,熊瑾玎不得不开设多家厂房经营洋货或印刷生意,"熊老板"的称号竟然无意间在十里洋场传开。"熊老板"白天忙于生意酬酢,晚上还要从事党的秘密工作,接济党员,筹措经费,充当各地党组联络员,任劳任怨。后来由于党内出了叛徒,熊瑾玎辗转上海和两湖地区,1933年4月不幸在上海法租界被捕。在监狱里,已经年近五十的熊瑾玎被巡捕打得浑身是伤,但他坚称自己是商人,与共产党无关,敌人一时间找不到证据,只能判他8年徒刑。

抗战全面爆发后,熊瑾玎被组织营救出狱,周恩来安排他到重庆负责《新华日报》的出版发行工作。在1947年被国民党查封前,《新华日报》在宣传共产主义理念、抨击法西斯侵略、进行外交和统战工作方面起到了舆论引导作用。熊瑾玎作为报社总经理,四处寻找共产党的支持者和同路人,以便于筹集资金和纸张、油墨。在"熊老板"悉心经营下,这份在国统区发行的报纸,销量一度与《大公报》不分上下,超过了国民党办的报纸。

熊瑾玎的三子熊笑三是国民党少将军长,父子俩志向不同,

而熊瑾玎并未因父子关系影响革命立场,被周恩来赞为"最可信赖"的人。熊瑾玎为党和人民舍生忘死的奉献精神,是贯穿一生的。

熊瑾玎曾写下"困厄愈侵寻,精神愈抖擞"的诗句。在租界监狱里,熊瑾玎依然斗志昂扬,不仅领导难友向巡捕举行抗议活动,要求改善政治犯待遇,还坚持练习书法和写作。在抗战时期的重庆,国民党对共产党的态度是防范大于合作,对《新华日报》的发行百般刁难(尤其是皖南事变后),若不是熊瑾玎多方奔走,这份报纸估计发行不了多久就要中断,熊瑾玎也由此获得了"红色管家"的雅号。

05 董健吾：
传奇的牧师特工

在新民主主义革命时期，我党隐蔽战线上曾经有过多位杰出的党员，其中被毛泽东称为"党内一怪"的董健吾是一个传奇人物（他就是斯诺《西行漫记》里的王牧师）。他早年受家庭影响加入基督教，后又因革命追求加入中国共产党，以牧师的名义为共产党工作，掩护过许多同志及其家属，为革命事业贡献颇著。

董健吾

董健吾1891年出生于江苏青浦（今上海青浦区），家境殷实。受祖母（基督徒）的影响，他从小便在教会学校读书，后考入圣约翰大学，毕业后不久即获得牧师资格，1924年被聘回母校任教。次年，上海爆发了轰轰烈烈的五卅运动，迅速蔓延到全国，而圣约翰大学校方却极力阻挠学生参与爱国游行。董

 ★ 忠诚篇 ★

健吾为表抗议,当即宣布辞职,去上海的圣彼得教堂当了一名传道布教的牧师。这一身伤为他日后的潜伏工作提供了极大便利。后被冯玉祥看中,担任冯玉祥的秘书一职。

1927年4月,蒋介石背叛大革命,疯狂抓捕共产党人,董健吾不满国民党的滥杀作风,暗中帮助和保护了诸多共产党员。1928年,董健吾在郑州冯玉祥的部队加入中国共产党,后回到上海圣彼得教堂继续担任牧师。这一时期上海国民党特务横行,白色恐怖统治严密,不少中共党员被抓进监狱,董健吾借去监狱给"政治犯"布道的便利之机,设法建立"政治犯"和外面党组织的联系,便于组织开展营救。董健吾的贡献得到了党的认可,1929年,周恩来领导的中央特别行动科将董健吾吸纳进来,并将圣彼得教堂改造为党召开秘密会议的一个据点,后来鲁迅发起的中国自由大同盟便是在教堂举行的成立大会。

长期的特科锻炼让董健吾行事谨慎又不露行迹。董健吾主要负责在处决叛徒、镇压特务、抢救机要文件等行动里提供情报、联络各方,屡建奇功。尤其是1935年后,蒋介石迫于民族危机和舆论压力,不得不考虑和共产党合作,但他一时间无法找到与中共沟通的渠道,便请宋庆龄联络董健吾去延安送信。董健吾圆满完成任务并将毛泽东的回信交给宋庆龄,后来还为中共和张学良牵线搭桥,促成了双方的合作。随后不久,他又应宋庆龄的委托,把美国记者斯诺和医生马海德顺利送到延安。

近代中国的不少教堂为吸引群众入教,多从事慈善救济工作。当时不少共产党员忙于革命事业,长期奔波在外,有的甚至不幸牺牲，他们的孩子如何安置成了组织需要解决的一大难题。1930年春，董健吾变卖家产凑齐资金，以牧师身份在教堂开设幼稚园，把革命者的子女（对外声称教友的孩子）接到园内抚养，如蔡和森的女儿、李立三的女儿、彭湃的儿子等。杨开慧牺牲后，毛岸英、毛岸青兄弟也被二叔毛泽民送到此幼稚园并被董健吾收养。后来由于顾顺章叛变，上海中央处境险恶，幼稚园不得不解散，董健吾把毛家兄弟送到前妻家里暂住。1936年夏天，在张学良、冯雪峰的协助下，董健吾顺利把毛岸英、毛岸青经法国送到苏联。

全面抗战爆发后，董健吾滞留上海，与党组织失去了联系，但他依然尽力保护活跃于上海地区的游击队和特工人员。解放战争时期，董健吾还成功说服厉百川向共产党投诚，使我军顺利解放苏州。可以说，不管是在任何时期，董健吾的共产主义信仰从未动摇过，时时刻刻都在为党的事业尽自己的一份心力，因此陈赓大将在新中国成立后曾表示，董健吾是"有功于党、有功于国"的同志。

06 帅孟奇：
斗志昂扬的革命英杰

被毛岸英敬称为"帅妈妈"的帅孟奇同志是我党妇女解放运动的先驱人物，在她传奇的一生里，有荣誉，有鲜花，有坎坷，但更多的是她对党和人民的热忱爱护。

帅孟奇，1897年出生于湖南汉寿一个清贫的农民家庭。父亲帅惊白有留学经历，思想开放，没有重男轻女的陋习。帅孟奇从小就不缠足，跟随父亲识字，还得以进小学读书，但后来因家境不许，帅孟奇只读到小学二年级就辍学种田。民国政府成立后，帅孟奇在常德女子工业传习所半工半读，并结识了向警予。五四运动前后，帅孟奇通过《新青年》等刊物初步接触了劳工神圣、妇女解放、反帝反封建等进步思想。后来，她的丈夫许之桢在莫斯科加入中国共产党，受丈夫影响，帅孟奇对共产主义思想有了更多的了解。1926年1月，她光荣地加入中国共产党，是汉寿县首位共产党员。大革命时期，她带领汉寿党支部积极领导当地工农运动，并建立妇女协会。

大革命失败后，帅孟奇被派往莫斯科学习三年，后回到上海，在时任中央组织部部长周恩来的领导下从事工人运动。1932年10月，帅孟奇因特务出卖不幸被捕。为了让帅孟奇承认自己是共产党并供出同志，敌人对她用尽酷刑。先是用"老虎凳"把她的右腿折断，又往她鼻子里倒灌了三壶煤油，帅孟奇被折磨得死去活来，但她抱着必死的决心，未吐一字。不久之后敌人又把她押到南京，派已投靠到国民党的叛徒与她"谈朋友感情"，以图招降，但被帅孟奇训斥得灰头土脸。1937年夏，在帅惊白朋友的力保下，浑身是伤的帅孟奇终于被国民党当局批准"保外就医"，回到湖南老家担任省工委秘书长。帅孟奇工作踏实认真，省工委的人对其极为钦敬，人人称她为"帅大姐"。抗战时期，帅孟奇负责湖南各地党员的联络工作，帮助大革命失败后与组织失散的老党员重新接上组织关系，并筹办工厂吸纳难民就业。湖南的工人运动和妇女运动一度重新兴盛。1940年，帅孟奇来到延安参加中央农委的工作，后又接过蔡畅和邓颖超的接力棒主持中央妇委的工作，直至全国解放。

帅孟奇在艰苦的环境里始终抱着积极心态。在南京关押时期，她与难友何宝珍、夏之栩、张金保、钱瑛等同志，联合发起了绝食斗争，抗议国民党阻止"政治犯"亲属送书刊和食品、妨碍通信自由，抗议狱卒殴打"政治犯"，均获得了胜利。帅孟奇还和夏之栩等人牵头组织大家学习革命思想和文化知识，甚至举行文体活动锻炼身体，培养了同志们的革命乐观主义精神，坚定了必胜的信念。帅孟奇1937年出狱后，才知道女儿在孤儿院被特务害死，丈夫许之桢误以为她已牺牲（中共中央

★ 忠诚篇 ★

1937年已经把帅孟奇列入烈士名单进行追悼），已另娶他人，家里老母亲也因忧郁而逝。接二连三受到沉重的打击，换作别人可能早已崩溃，但帅孟奇强忍悲痛，擦干眼泪再次联系上党组织，继续踏上革命的征程。帅孟奇这种高昂的斗志和忠贞不渝的革命精神，永远值得我们铭记。

07 张金保：把一切献给党

中国共产党在幼年时期，曾经因斗争经验不足、领导人决策失误，犯过"左"或右的错误，艰难曲折在所难免，有的党员曾因此受到不公的待遇，但组织性纪律性强、意志坚定的党员，一定能经受住这样的考验，张金保便是其中的一位。

张金保

张金保，1897年出生，湖北人，我党早期杰出的女性工运领袖。她幼时家境贫困，曾被卖作童养媳，后因婚姻不幸，20岁时离家出走，辗转安徽、湖北各地，先后在工厂靠从事织线毯、纺纱、刺绣等生产劳动为生。1926年，张金保在武汉纱厂工作时，积极参与工人运动，并于同年加入中国共产党。此时她只是初步懂得一些革命道理，但是认定共产党的路是正确的，立定信念跟党走。

1926年年底，北伐军占领武昌，张金保在刘少奇的领导下，

红色基因 ★ 忠诚篇 ★

以饱满的热情参加湖北省工会的工作。她不顾自己行动不方便（幼时缠足），常常一天走20里路。大革命失败后，国民党疯狂镇压中共组织的农会和工会，工人运动陷入低潮，不得不转入秘密状态，不时有人叛变或脱党，张金保则坚持留在武昌维持工会，不幸被军警抓住（同期被捕的还有中共一大代表李汉俊）。后来由于组织上给国民党官员贺耀祖做了工作，张金保和其他同志得以出狱。出狱后的张金保与上级党组织失去了联系，但依然与同事从事地下斗争，经受住了大革命失败的考验，后来由于形势愈加严峻，她来到上海活动。

1931年党的六届四中全会上，王明一派获得党中央领导权，"左"倾错误路线开始在党内贯彻。张金保本着对革命事业高度负责的精神，参与签名反对王明独揽大权。王明随即给张金保扣上"右倾投降主义"的帽子，开除她的党籍。屋漏偏逢连夜雨，张金保以有孕之身，再次被国民党抓进监狱近5年，连孩子也只能在监狱出生，受尽苦难。

1937年全面抗战爆发后，国共两党开始第二次合作，国民党为表"宽大"，释放了"政治犯"。出狱后的张金保没有失去对革命的信心，决心继续为党工作，她历尽千辛万苦，步行数年，在1943年底才来到延安杨家岭，随即投入整风运动，积极学习党的文件。终于，1945年4月在杨家岭举行的中国共产党六届七中全会通过了《关于若干历史问题的决议》，还给张金保等20多名党员清白，恢复他们的党籍。毛泽东在中央党校接见了张金保，对她的传奇经历和坚韧意志感到好奇，开玩笑地问:"怎么王明打你,没有把你打跑呢?"张金保坦然相告:"家鸡打得团团转,野鸡不打自己飞,我是个无产阶级,我只能跟共产党走。"这句话表达了这位有近20年党龄的女工人对原则的坚持,以及对组织的信心,让毛泽东甚为感动。

抗战胜利后,张金保继续从事她所擅长的妇女和工会工作,在自己的工作岗位上,做出了出色的业绩。

08 方伯务：
从容赴死，忠诚不渝

俗话说"慷慨就义易，从容赴死难"。方伯务却两者兼具。

方伯务，1896年10月23日出生于湖南衡山一个富裕家庭。他自幼接受了良好的教育，对诗、书、琴、棋、画都有研习。方伯务少时对绘画极其感兴趣，天赋异禀，后来以优异的成绩考入北京艺术专门学校中国画系学习。在著名画家齐白石等人的教

方伯务

导下，他很快成长为一位出类拔萃的青年画家。在北京读书期间，方伯务逐渐接触了共产党员邵鹤皋、谭祖光、姚宗贤等人，并从他们那里借阅了大量的革命书刊，从中懂得了许多革命道理，开始向共产主义信仰靠近。1924年，在白色恐怖笼罩的严峻环境之下，他毅然加入了中国共产党，参加了中共北京地委的工作。

1926年3月18日，方伯务参加了在天安门举行的"反对八国最后通牒国民大会"，抗议日本军舰侵入大沽口、炮轰国民军，声讨英、美、日等八国无理通牒中国的罪行。后加入两万多人组成的请愿团，向段祺瑞政府请愿。请愿团遭到血腥屠杀，反动军警用排枪、刺刀、大刀屠杀群众达30分钟之久，广场血流成河，死伤200多人，这就是震惊中外的三一八惨案。面对反动军阀的累累罪行，旧恨新仇的怒火在方伯务心中熊熊燃烧，他愤然地说："画可以不学，而革命则不可休止！"在完成中共北京地委安排的工作的同时，方伯务还画了一幅抨击帝国主义、反动军阀的漫画，以口诛笔伐的形式讨伐帝国主义和反动军阀犯下的罄竹难书的暴行，在社会上引起强烈反响。反动军阀视其为"眼中钉"，欲除之而后快。

在大革命期间，方伯务所在的办公地点被暴露。1927年3月15日，一个春寒料峭的清晨，天刚蒙蒙亮，方伯务像往常一样忙着处理公务，突然窗外的嘈杂声打破了清晨的寂静，一大批便衣特务蜂拥进入院子。由于太过突然，他与其他工作人员还没反应过来就被团团包围，房门被特务们敲得咚咚直响。方伯务意识到有被捕的危险，但依然极其平静地打开了门。"你是方伯务？"特务问道。"是又怎么样？"方伯务用蔑视的目光扫了他们一眼，冷冷地回答。他昂首挺胸地被带走了，丝毫不带任何畏惧。方伯务就是这样，面对危险沉着镇定，不怕牺牲。在狱中，敌人先是以高官厚禄引诱，方伯务不为所动。特务们看到软的不行，就来硬的，开始对他严刑拷打。方伯务被摧残

得皮开肉绽、血肉模糊，全身伤痕累累，却没透露任何党的秘密，充分彰显了对组织的赤胆忠心。面对前来探监的妻子，他只是叮嘱她要把孩子抚养成人，以继承其遗志。无计可施的特务们只好对张作霖说："方伯务等人是完全被赤化的赤党分子，极其顽固，必须严惩。"

1927年4月28日，在军阀头子张作霖操纵下的"军法会审"，决定将因参加革命活动而被捕的李大钊、方伯务等20人判处绞刑。他们被押到看守所后，那里的特务人性泯灭，打算在这20位革命志士临死前折磨他们一番，磨灭他们的意志以获取情报。当天下午，死亡的气息在潮湿阴暗的牢房里弥漫着，李大钊和谭祖尧两人首先被吊在了绞刑架上，两人宁死不屈，视死如归。在行刑期间，特务们仍然不放弃对方伯务等人施以威逼利诱。面对死亡，方伯务铁骨铮铮，义无反顾地选择忠于信仰和誓言，这期间一直昂首挺胸、神色不变直至从容就义，整个行刑过程持续了3个小时。这一天，残忍绞杀的暴行在中国历史上写下了极端野蛮、极端黑暗、极端惨无人道的一页。

方伯务以一颗赤子之心，"断头流血以从之"，坚守信仰，对党忠诚，至死不渝。

09 | 侯绍裘：
云间有颗启明星

"秦淮秋雨细蒙蒙，飘荡方舟灯艳红。"如今的秦淮河畔十里繁华，灯火辉煌，但是那个在秦淮河畔壮烈牺牲的勇士侯绍裘，却再也没机会看一眼这片他为之奋斗终身的土地了。

侯绍裘，1896年6月出生于江苏松江。他早年入私塾读书，17岁考进江苏省立第三中学。1918年8月，他考入上海南洋公学攻读土木工程专业。1919年，他积极参加了五四爱国运动，被选为学生会本年级的评议员。上海学联成立后，他担任学联教育科书记。同年秋，为了宣传新思想，他发起成立了"九人书报

侯绍裘的雕塑

推销处",自筹资金,批发零售《新青年》等进步书刊。1921年夏天,他回松江和朱叔建等进步人士接办了松江景贤女子中学,任校务主任。1923年4月,他与朱季恂等人共同创办了《松江评论》,引导青年走革命道路。不久,他加入中国共产党,成为光荣的无产阶级先锋战士。

1927年春,蒋介石公开反共。侯绍裘敏锐地感觉到问题的严重性,心情沉重地在江苏省党部的房间里来回踱步,他焦灼地盼望中央能够赶快挽救危机。但是,此时敌人严密封锁交通要道,他无法与中央取得联系。形势越来越凶险,侯绍裘召开紧急会议,建议江苏省党部各职能部门立刻将党的重要文件、与上下级来往密电进行销毁或转移,并要求工作人员迅速转移到安全的地方,以防万一。有些同志叮嘱侯绍裘去宾馆租个房间安置家属和行李,然而他却坚定地说:"我是负责人,不能随便行动,损失些行李算什么,生命也准备着呢!"令人心痛的是,一语成谶。

形势急转直下,蒋介石派人到处捉拿共产党员,江苏省党部被破坏。侯绍裘下巴左边长了一颗豌豆大的黑痣,辨识度极高,极易被人认出。但是他不顾个人安危,又要出去开会布置工作。工作人员劝侯绍裘说:"外面局势紧张,先不要出去开会了吧。"侯绍裘回答道:"越是困难的时候,我们共产党员越要冲锋在前。"面对危险,他以一颗赤诚之心毅然决然地投身到组织力量准备反击反革命派的斗争中去。4月10日,"南京市民肃清反革命派大会"召开,有四五万群众参加。在大会上侯绍裘强烈地谴责了蒋介石的反革命行径，强烈要求惩办凶手，确保工人运动顺利开展。请愿群众数量众多，熙熙攘攘齐聚在总司令部门前，派出6名代表前去与蒋介石进行交涉，蒋介石均无答复。下午5点，反动派武装冲向请愿群众，请愿队伍溃散。晚上11点，侯绍裘等人计划在党组织租借的地下交通处紧急召开会议。临出家门，9岁的儿子扯住他的衣角说："爸爸别走！"侯绍裘安慰道："你们别害怕，革命一定会胜利，我会回来的！"但是，让人没想到的是这是他与家人的最后一次见面。会议持续到凌晨两点时，突遭反动武装包围，侯绍裘等十几人被特务秘密逮捕。

在他不幸被捕后，蒋介石妄想以"江苏省政府主席"的职位诱降，被侯绍裘严词拒绝。反动派为了摧毁侯绍裘的意志，对其施加各种酷刑，但是侯绍裘英勇不屈，坚持斗争，以一个共产党员大无畏的革命精神和无限忠诚抵抗敌人的摧残和折磨。最终敌人一无所获，惨无人道的敌人用乱刀将侯绍裘活活戳死，他的鲜血流了一地。敌人怕罪行暴露，趁夜色秘密将他的尸体抛进秦淮河，这一年他才31岁。

侯绍裘同志对革命事业无限忠诚，对同志真诚友爱。他就像是云间的一颗启明星，将民众的爱国之情唤起，不畏艰险，为共产主义事业奋斗终身。

10 | 范鸿劼：
直面北洋军阀的勇士

1920年前后，随着马克思主义的广泛传播和共产国际代表来华，在全国各地陆续出现共产主义小组。这些小组的成员后来大多成为中共早期的党员，他们一般是北京大学的教职工和学生，大多与陈独秀、李大钊有师友之谊。其中有些人因为信仰意志不坚定，后来走上脱党甚至叛变的道路，但更多的是终其一生坚守对马克思主义和共产党的崇高信念，为理想奋斗，甚至不惜付出生命的代价。范鸿劼就是其中的杰出代表。

范鸿劼，1897年出生于湖北鄂城（今鄂州），从小家贫，但聪慧好学，成绩优异，21岁时考入北京大学预科深造。当时的北京是新文化运动的发祥地，范鸿劼如饥似渴地阅读了大量中西书籍，接触了各类西洋政治思潮。但范鸿劼并不是"书呆子"，这一时期，五四运动如火如荼，他在读书之余，以饱满的热情投入办报、组织社团、游行示威、街头演说等学生运动中。

1918年后，李大钊针对俄国问题接连在《新青年》和

《每周评论》发表关于十月革命的文章并多次发表公开讲演，满怀救国热情的范鸿劼深受感染，参与了李大钊发起的"马克思主义学说研究会"。研究会成员定期举行读书讨论会，在此期间范鸿劼对共产主义的了解和信念逐渐加深。不久，在李大钊的指导下，北京大学的学生相继成立共产主义小组和社会主义青年团，范鸿劼也由此成为国内最早的一批青年团团员和中共党员。

当时中共的分工大致是"南陈北李"，陈独秀在南方准备国共合作和大革命，李大钊则在北京领导党员直接以著书立说、游行示威的手段对抗反动军阀，范鸿劼作为李大钊的得意弟子，参与发起"民权运动大同盟"等反帝反军阀运动。

相比起南方"天高皇帝远"的状态，北京地区军阀的反动统治异常严密，范鸿劼所属的中共北方区执行委员会没有武装，因此无时无刻不处于危险之中，但范鸿劼意志坚定地跟随李大钊、赵世炎等领袖在华北、东北各地建立党组织，编辑书刊，痛斥反动统治者，并领导了声援五卅运动的大游行和"三一八"抗议大会。

多年与军阀打交道的经历培养了范鸿劼机敏的性格。1926年，国民党召开二大，当时孙中山已去世，国民党右派蠢蠢欲动，打算破坏国共合作，驱逐共产党。他们提出国民党内所有的共产党员需要公开自己的身份，但远赴广州参会的范鸿劼坚决抵制国民党的无理要求，他指出，两党是合作反帝反军阀，但共产党另有共产革命的最高目标，为安全起见，我们的组织

 ★ 忠诚篇 ★

成员信息决不能公开。范鸿劼的话让国民党右派哑口无言，维护了我党的独立性和严密性。

1926年夏，奉系军阀张作霖赶走了冯玉祥，独霸北京，在城内疯狂镇压革命活动，抓捕共产党人，查封报馆杂志社，一时间京城风声鹤唳。范鸿劼只能更加谨慎隐蔽地活动，但他内心毫无畏惧动摇之意，一直作为李大钊的左膀右臂，坚持为党工作。1927年春，北伐军打到长江流域，张作霖眼看自己的统治岌岌可危，遂孤注一掷做困兽之斗，逮捕了李大钊、范鸿劼等数十人。在狱中，范鸿劼受到严刑拷问，始终不吐一词，张作霖毫无办法，痛下杀手，在4月28日将范鸿劼与李大钊等人绞死。范鸿劼牺牲时年仅30岁，他为党的事业不畏艰险、对组织赤胆忠心的精神永远鼓舞着革命的后来人。

11 刘尔崧： "热血冲霄汉，志气贯长虹"

1919年初，第一次世界大战战胜国在巴黎召开会议，中国作为战胜国应邀出席。中国政府提出了收回德国在中国权益的正当要求，但遭到与会国的拒绝，并将这一权益转让给了日本。巴黎和会外交失败的消息传回中国，国人群情激奋、义愤填膺，在北京掀起了以五四爱国运动为起点的全国性的群众运动。广州进步青年受到五四运动爆发的激励，发动了大规模的抵制日货的游行活动。在游行队伍中，一位青年身着学生装，走在游行队伍前面大声高喊："还我青岛！""抵制日货！""打倒日本帝国主义！"一边进行演讲，一边沿路分发传单。这位学生就是刘尔崧，一位充满革命热情、拥有爱国红心的进步青年。

刘尔崧，1899年出生于广东永安（今紫金县）一个贫苦的私塾教员家庭，自幼聪敏上进，胸怀大志，忧国忧民。

1919年5月30日，刘尔崧等人发动了三万多人参加的游行活动，游行队伍延绵数十里。他们在当时广州著名的三大百货公司——大新、先施、真光前面停下，要求对方要以国家利益

★ 忠诚篇 ★

为重，不要再卖日货。但当时这三大公司背后有军阀撑腰，根本听不进去学生的话。游行的学生愤怒至极，冲进商店，把日货搬到大街上烧了。学生的爱国行为惹怒了资本家，当时的警察厅厅长魏邦平派出大批警察前去镇压，指使手握枪支、棍棒的警察抓捕手无寸铁的学生。刘尔崧见状，毫不犹豫地冲到队伍前面，大声喊道："我掩护，大家快跑！"后来大批学生安全撤退，他却被逮捕了。在拘留所里，魏邦平站在刘尔崧面前说："你只要发声明承认错误，我便放了你。"刘尔崧大声质问道："你还是中国人吗？日本人要侵略青岛了，你不心痛吗？我们学生抵制日货，这是爱国行为，你竟然抓我们。那三家百货公司不听劝告坚持要卖日货，你不应该抓他们吗？中国被日本侵略了，你们有什么好处？"魏邦平被问得瞠目结舌，他没想到，一个弱不禁风的学生竟然会说出这样的话。警察厅抓捕学生的事遭到了全市各界人民的声讨，最后当局抵不住外界的压力，不得不释放了刘尔崧等爱国学生。

1921年，刘尔崧加入了中国共产党后，全身心投入到领导工人和学生的反帝爱国运动之中。1925年五卅惨案之后，广东的国民党反动派加强了戒备，整个广州城笼罩在白色恐怖之下。面对这样的情况，刘尔崧依然坚持带领工人进行斗争，其他同志劝阻道："现在情况不容乐观，你去其他地方暂时先避一避风头，等敌人放松警戒了再回来。"刘尔崧却毫不畏惧，坚定地说："现在是革命的危急关头，我如果走了谁来领导革命，怕死就不干革命了。"实际上，他怀着一颗对党的忠贞之心，早已把自己的生死置之度外。

1927年四一二反革命政变后，刘尔崧要去参加中共广东区委召开的紧急会议，研究如何应对反动派对共产党领导的队伍进行武装袭击的问题。4月15日清晨，刘尔崧在前往会议的路上发现国民党反动派在全市戒严，预感到可能会有危险，他急忙掉头往宿舍跑，但是刚一进门就被早已埋伏好的特务抓了个正着。为了从他口中获得有价值的情报，丧心病狂的敌人对刘尔崧施加种种酷刑，沉重的脚链把脚踝磨得鲜血淋漓，但是他仍然鼓励难友说："我们为革命牺牲是光荣的，只要有一口气在我们就要斗争。我们牺牲了，一定会有后来人。'野火烧不尽，春风吹又生'，共产党人是杀不尽的，我们的革命一定会取得最终的胜利！"

令人痛心的是，4月19日深夜，敌人为了杀人灭口，将刘尔崧套进麻袋扔进了珠江白鹅潭中。那一年，刘尔崧仅有28岁。刘尔崧一生都在为革命奔走呼号，他追求进步，对党忠诚，坚持真理，为了革命事业不畏生死。斯人已去，精神永存。

12 蒋先云：
蒋介石器重的人却是坚定的共产党员

在近代中国，能同时得到毛泽东、周恩来、蒋介石青睐的"奇才"，并不多见。但第一次国共合作前后，我党确曾出现过这样一位"奇才"：早年间毛泽东慧眼识人，亲自介绍其入党；在黄埔军校时期，周恩来欣赏其才华，让他做自己的秘书；而他在学生运动、工人罢工、东征北伐等方面的出色表现，也深得蒋介石的喜爱。这位"奇才"，便是蒋先云。

蒋先云，1902年出生于湖南新田的一个农民家庭，其兄曾参加孙中山领导的二次革命。蒋先云幼时目睹乡亲的清寒生活，很早就萌生了改善大众生活、反抗土豪劣绅的革命理想。在衡阳湖南省立第三师范学校读书时，蒋先云就关心时事，不仅办报办刊，成立学会，还曾经发起抵制日货运动。1921年秋，毛泽东参加完中共一大后曾回到湖南发展党组织，他在衡阳与蒋先云交谈后，认为其是一个难得的革命人才，当即决定在湖南三师创建了衡阳第一个党组织，发展蒋先云为党员。1922年，蒋先云来到江西安源煤矿，创办工人夜校，在工人中传播社会主义思想和革命理念。当年9月，他和刘少奇、李立三领导路矿工人进行大罢工，成立工人俱乐部，迫使资方当局同意了工人的要求。这也是中国共产党成立以来第一次独立领导并取得胜利的大规模工人运动。

1924年国民党一大后，共产国际和中国共产党协助国民党在广州创办黄埔军校。在第一期招生考试中，蒋先云拔得头筹。在黄埔军校期间，他成绩优异，曾与陈赓、贺衷寒并称"黄埔三杰"，并担任中共黄埔军校特别支部书记，毕业考试依然名列首位。难得的是，蒋先云并非"书呆子"，早期共产党员普遍认为党的任务是领导城市工人运动，实行社会主义革命。蒋先云却较早地注意到，党必须要握紧枪杆子，做好武装斗争的准备才能保证革命的成功。毕业后，他留校工作，曾经多次对抗"孙文主义学会"（一个国民党右派反共组织）的挑衅，后又在周恩来领导下参与东征讨伐陈炯明和镇压滇系军阀叛乱等军事活动，表现出色。蒋介石也非常看好这个学生的前景，曾经表示黄埔军校人才辈出，等自己退休了，只有蒋先云能统领他们。

国共合作时期，不少共产党员都加入了国民党，但是1926年春，蒋介石制造了"中山舰事件"，威胁军队里不能有跨党党员，想留在军队必须退出共产党。蒋介石满以为蒋先云会"听话"，没想到第一个表示绝不退出共产党的就是蒋先云。即使蒋介石许诺让他当黄埔军校教育长，蒋先云仍然不为所动，最后直接退出蒋介石的"嫡系"——国民革命军第一军。蒋介

★ 忠诚篇 ★

石虽清楚蒋先云的共产党员身份，但他知道后者是难得的军事人才，在北伐开始后请蒋先云到国民革命军总部做秘书，负责起草布告宣言。之后蒋先云曾担任北伐军补充团团长，半年时间便从广州打到武汉，屡创胜绩。

北伐军在打到长江流域后，蒋介石便不断镇压中共的农运和工运，个别共产党员被蒋介石的暴行吓怕了，或投靠蒋介石，或脱党，但是蒋先云反而来到武汉和中共中央一起战斗，积极组织纠察队，开展工人运动，举行示威游行。1927年，国民党打下上海后，蒋介石发动了四一二反革命政变，大肆屠杀共产党员、国民党左派及革命群众。在武汉的中共中央决定继续组织北伐，蒋先云被任命为国民革命军第十一军二十六师七十七团团长兼党代表，率部北上河南，在临颍战役中身受重伤，肠子都流了出来，但他捂住肠子继续战斗，最后光荣牺牲。

蒋先云生前表示，自称革命是不够的，革命者尤其要在困苦艰难之中、枪林弹雨之下表现出坚忍、能牺牲的精神。他一生智谋过人且忠诚守纪，以其出色的表现完美诠释了他的这句话。蒋先云牺牲后，中共中央专门在《向导》周报发表悼词，赞其勇敢忠诚。周恩来亲自主持了他的追悼会，这是对蒋先云一生功绩的肯定。

13 麻植：沉默中的忠诚勇士

20世纪20年代的中国，军阀混战，民不聊生。外无民族独立，内无民主法制，人民生活在水深火热之中。就是在这样的动荡不安的年代，中华民族觉醒了，大革命的热潮席卷全国，救国图强、投身革命事业成了许多年轻人的梦想。麻植，就是这批年轻人中的一员。

麻植，1905年出生于浙江青田，从小在本村私塾读书，聪敏好学。1924年，年仅19岁的麻植考入了黄埔军校，并于同年8月加入中国共产党，成为一名光荣的共产党员。1924年至1926年，他先后参加了讨伐陈炯明的两次东征，又跟随国民革命军出师北伐。两年的历练，使他的革命热情凝聚成了更坚韧、更顽强的革命信念，从前那个意气风发的年轻军人，也成长为坚强冷静的革命者。

1927年4月，震惊中外的四一二反革命政变爆发，国民党反动派大肆逮捕、屠杀共产党员和革命群众。15日，广东军阀也紧随其后，在广州发动了反革命政变，出动军警，全城搜捕

 ★ 忠诚篇 ★

共产党员和进步人士。为了保存革命力量，麻植和同志们迅速撤离到广东南海。成功撤离后，麻植并没有放松，又立即返回了广州，因为在广州的军委秘密办事处还保存着一批党团员名册及军委的秘密文件。由于事关重大，必须将这些文件全部销毁。尽管同志们极力劝阻他，但他没有退却，坚持回到广州销毁文件。这时候的广州已经危机四伏，他十分清楚自己一旦回到广州，就是羊入虎口。但他没有犹豫，毅然回到了广州。趁着夜色，麻植在曲折的街道弄巷中辗转迂回，与敌人巧妙周旋，沉着冷静地应对着敌人的搜捕，机敏地甩掉了敌人的跟踪，匆匆回到了军委秘密办事处，销毁文件。这时候的麻植，心中只有一个念头，就是在敌人赶到之前，焚毁党团员名册和秘密文件。敌人的脚步声越来越近，危险迫在眉睫，尽管如此，他和留守的女交通员黄玉兰仍旧坚守在火炉旁仔细地焚烧着文件，直到敌人破门而入……

他和黄玉兰被捕了。当敌人得知麻植是在黄埔军校管理中共党组织的重要成员时，妄想从他口中得到中共党组织的秘密。敌人派他的两个同学充当说客，劝他认清时势，交出他掌握的党员名单，遭到麻植的严词拒绝。为了从麻植口中得到有价值的口供，敌人使用插竹签、坐老虎凳、吊飞机等酷刑逼迫拷问。但麻植始终沉默，坚决不理会敌人。这份沉默，是这位年轻的共产党员用生命捍卫秘密的执着，是对党的无限忠诚，更是对敌人严刑拷打的无畏；这份沉默，浸透了鲜血，承载了信念。

在第七次审讯，也是最后的一次审讯时，黄玉兰也被押到了候审室。

由于敌人的严刑拷打，麻植浑身已血痕累累，外衣也被撕拉成碎条披挂在身上，肩膀和背部裸露的伤口渗着脓血。他艰难地站立着，唯有目光依旧炯炯。黄玉兰看到昔日身材魁梧的麻植在短短几日内竟被折磨得不成样子，眼泪止不住地流淌。麻植望一望四周，低声对她说："玉兰，你要坚强，头是不能向敌人低的，泪是不能向敌人流的。在敌人的法庭上，千万不要流泪，否则会暴露你的身份。一会在法庭上，你要一口咬定你是我雇来的女佣，是从梅县乡下来广州挣钱过活的，这样敌人便对你无可奈何了。"随后，麻植摸索着从口袋里取出了一支橘红色的钢笔递给黄玉兰说："敌人是凶残的，他们绝不会放过我，我既入囚笼，断无生还的希望。不过，我是决不会向敌人低头的。这支钢笔是我多年来为党工作的工具，也是我唯一的财产，就留给你做个纪念吧。"

黄玉兰双手紧紧攥住这橘红色的钢笔，用力咬住嘴唇，忍着泪水，默默地点点头。麻植最后叮嘱黄玉兰："以后同志们问到我，你就告诉他们，麻植没有辜负党的信任和期望，因为他是一个共产党员。"1927年4月29日下午，麻植在广州黄花岗英勇就义，年仅22岁。

14 潘忠汝："愿输血汗改山河"

在中国共产党的历史上，黄麻起义有重要意义。而这场著名战役的总指挥就是潘忠汝。回顾潘忠汝的一生，像流星划过天际，却留下了永恒的初心。

潘忠汝，1906年出生于湖北黄陂，自幼喜习武术，文武皆优。他于1924年考入武汉中学，开始接触马克思主义进步思想。武汉中学由董必武、张国恩等人在武昌创办，在中国共产党诞生后，成为湖北地区传播马列主义、培养革命人才的重要阵地。在武汉中学读书期间，潘忠汝阅读了大量进步书刊，每得到一本就爱不释卷，甚至废寝忘食。他积极宣传革命思想，成为学校里的活跃分子并投身革命活动。

1926年他考入武汉中央军事政治学校，同年加入中国共产党。次年，他被派到黄安县（今红安县）公安局，担任军事教练一职，受上级党组织安排秘密从事革命活动。大革命失败后，他带领公安局一些进步人士加入黄安县农民自卫军，担任大队长的职务，与黄安县所辖的地方民团和反动红枪会进行了英勇斗争，维护了农民利益，沉重打击了反动势力。在白色恐怖下，面对国民党反动派凶狠残暴的屠杀，英勇顽强的黄安、麻城（今麻城市）两县的人民并没有被吓倒，他们擦净身上未干的血迹，拿起手中的武器，又继续与敌人战斗。在八七会议精神指引下，他们高举党"以武装的革命反对武装的反革命"的旗帜，在鄂豫皖地区打响了武装反抗国民党反动派的第一枪。从此这一地区在党的坚强领导下，武装斗争此起彼伏，打乱了国民党反动派的部署，有力地支持了全国的武装斗争。

  1927年11月初，潘忠汝与共产党员吴光浩、戴克敏等人准备发动黄麻起义。他在战前检阅队伍时发表演说："我们不仅要打下一个黄安城，我们还要打遍大别山，打遍全中国，打出我们的大路，打出我们的江山。"经过精心的组织和严密的部署，11月13日，他们率领3万多农民武装向黄安县县城进军，经过激烈战斗，全歼国民党守军。国民党军不甘心失败，不久就纠集反动力量夜袭黄安，潘忠汝率城里的第一路军顽强抵抗。敌军来势汹汹、装备精良，形势极为严峻。为了保存力量，潘忠汝让副总指挥带领部队突围，自己则带领少部分军人断后。面对迟迟不肯离去的同胞战友，潘忠汝态度坚决地说："这是命令，立刻撤离！"为了保存这支刚刚诞生的革命武装力量，他前后六次进出城门，掩护许多战友杀出了重围。当他第七次护送战友往外冲时，腹部中弹，鲜血直流。潘忠汝强忍剧痛，带着一颗对党的赤诚之心边冲杀边高呼："同志们，为了革命的胜利，狠狠地打呀！"最终，他因流血过多壮烈牺牲。

 ★ 忠诚篇 ★

黄麻起义开辟了一块拥有良好群众基础的革命根据地。这次起义奠定了鄂豫皖革命根据地的雏形，也是川陕革命根据地的重要历史起点。1930年春，在工农红军与国民党反动武装顽强战斗的情况下，鄂豫边、豫东南、皖西三块根据地连成一片，扩大为鄂豫皖革命根据地。中共中央指出它是"一面可以控制平汉铁路，一面可以截据长江交通，直接威胁武汉而与全国红色区域打成一片的前途"，对其战略地位给予了高度评价。由在黄麻起义中组建的鄂东军发展起来的红四方面军，不久之后连续开辟了两大苏区，为中国革命做出了重大贡献。

潘忠汝曾在一首自勉诗中写道："尧天舜日事经过，世态崎岖要整磨。不肯昏庸同草木，愿输血汗改山河。"而这片山河，也一直记得潘忠汝的忠贞血汗。一代将星，就这样过早陨落，实在让人扼腕长叹。

15　罗纳川：三支半枪打天下

"罗纳川，胆子大，天不怕，地不怕，提起脑壳闹革命，三支半枪打天下。"1927年，湖南平江的各个村庄回响着这样一首民谣，那么这首民谣中的罗纳川是怎样的一个人物呢？

罗纳川，1899年出生于湖南平江，自幼胸怀为国为民大志。他在湖南第一师范学校求学期间就积极参加学生爱国运动，1922年加入中国社会主义青年团。毕业后回家乡创办小学、农村夜校和职工学校，开展工人运动。同年秋，他成为中国共产党党员。1926年初，罗纳川领导当地农民开展了轰轰烈烈的农民运动，在献忠建立起平江县最早的农民协会，深得当地群众的拥护和支持。

他又是怎样用三支半枪打天下的呢？

1927年，蒋介石加紧反共，对各地的共产党员和革命群众进行捕杀。"阎王清乡，百姓遭殃。"面对国民党反动派的"清剿"行动，平江城的百姓恨之入骨。白色恐怖蔓延，民不聊生。罗纳川看着这片生养自己的土地，十分痛心。随后为了贯彻落实八七会议精神，中共湖南省委派李六如、夏明翰等人来到平江，与早已潜回平江的罗纳川重建革命队伍，组织武装起义。在献钟罗家洞内，身着长衫、戴着黑框眼镜的罗纳川主持召开秘密会议。他在会议上慷慨陈词："我们必须要发动群众，扩大党组织，进行武装斗争；必须要改变现在这种状况，救人民于水火。"其他同志纷纷表示赞同，大会顺利通过了"搞武装、建政权、分土地、杀土豪"的战斗口号。罗纳川将指挥部设在自己家中，日夜奔走操劳。为了筹集革命经费，他不惜变卖自己的家产，但是进行革命斗争必须要有枪啊，可是枪从哪里来呢？这是一个迫切需要解决的问题。说到枪，罗纳川突然想起自己从浏阳带回来的一支短枪，但是一支枪也不够啊，他左思右想，又想起本村的罗云昌曾经在县民团干过事，他那里应该有枪，于是他赶紧跑到罗云昌家里，软磨硬泡搞到了第二支枪。随后他又找到了原来从客栈缴获的一支枪。后来有人跟罗纳川说，献钟镇边上的凌笋塘里曾有人埋了一支枪，罗纳川便带领人趁着天黑的工夫把水塘翻了个底朝天，真的找到了一支枪，但是这支枪出了故障，不能放子弹，只能拿着装装样子，勉勉强强只能算作半支。就这样，罗纳川费尽心思凑齐了这三支半枪，带领当地农民开启了轰轰烈烈的游击战争。

1927年3月16日，罗纳川指挥全县10万余农民武装进行了"二月（农历二月）扑城"战斗，攻入平江城内。"扑城运动"彻底激怒了湖南反动当局和地主豪绅，他们叫嚣着要血洗平江，组织反动武装攻打平江，入城后便大烧大杀，平江局势日益紧张。在严重白色恐怖的大环境面前，罗纳川领导的游击队处境艰难。湖南省清乡督办署也对罗纳川恨之入骨，多次以重金悬赏，吵嚷着要取罗纳川的项上人头。面对这种情形，罗纳川丝毫没有畏惧。由于叛徒的出卖，不久罗纳川被捕入狱。

在狱中，敌人对罗纳川好声好气地说："你已经被捕了，只要你供出其他共产党的去向，我便放了你。"罗纳川当即将酒桌掀翻，大骂道："你休想！你们烧杀抢掠，残害百姓，无恶不作，早晚要被人民处以极刑！"敌人对罗纳川施加酷刑，但是他毫不畏惧，忠贞不屈，没有透露党的任何秘密。面对具有钢铁般意志的罗纳川，敌人动了杀心，1928年5月的一个晚上，凶残的敌人将他秘密杀害。

罗纳川一生都在宣扬革命真理，一生都在为民族独立而斗争。他不畏艰险，对党忠诚，克服种种困难，用三支半枪带领游击队员与敌人开展游击斗争，他是革命的先行者和实践者，是中华民族的骄傲。

16 曾延生、蒋竞英：伉俪尽忠同赴死

在今天的江西省吉安县永和镇锦源村，有一对革命夫妻，共同经历了许多革命斗争，最后共同牺牲在了赣州城内，他们就是曾延生、蒋竞英夫妇，一对令人敬佩、令人动容的革命夫妻。

曾延生，1887年出生于江西吉安，从小热爱学习，先后就读于南京体育师范学校、上海大学，并在大学期间加入了中国共产党。1925年初，根据党组织的安排，曾延生来到上海杨浦做工运工作。为了更好地开展宣传工作，他采取了开办平民夜校的形式，表面是学习知识，实则向工人宣传革命道理，秘密建立工会组织，更是通过声援"二月罢工"运动，提高了工会的威信和影响力。

1925年震惊国人的五卅惨案爆发后，曾延生冒险带领工人深入群众，宣传革命思想，动员群众声援反帝罢工运动。此后，他积极向各界民众宣传五卅惨案真相，揭露帝国主义屠杀中国人的罪行，积极组织学校宣传队和共青团宣传队，分赴城区城

郊到工人群众中进行反帝宣传,掀起了反帝斗争的高潮。与此同时,他还把青年学生的反帝爱国热情及时引导到了建立与发展革命组织、开展工农运动上来,健全了各中学的校学生会组织,建立了米业、烟业、香业、染布、染纸、竹木等行业工会组织,巩固与发展了共青团组织。他秘密组建了觉群社,并为此写了一幅阐明社旨、宣传革命主张的对联:"说一般人要说而不敢说的话,做大家齐想做而不敢做的事。"他在白沙村成立了吉安第一个农民协会,提出了"打倒土豪劣绅"的口号,得到了农民的大力拥护。

1926年年底,曾延生在九江继续进行革命工作,进一步健全和发展党团组织。同年12月下旬,九江的码头工人要求增加工资、改善待遇,遭到英国商人坚决拒绝,于是举行罢工运动。次年1月6日,英国水兵为了破坏罢工运动,突然袭击工人,并打死一名工人,造成了"一六"惨案。得知此事的中共九江地委,迅速召开紧急会议,借机发动全市工人冲进英租界,驱逐了英帝分子和英国水兵,收回了被英帝国主义霸占数十年之久的"租界"。接着,成立了九江市民对英外交行动委员会,发表《九江市民对英外交行动委员会宣言》,逼迫英国将九江英租界无条件归还中国。

1928年2月,曾延生夫妇在赣州指挥南康、赣县、信丰、于都等县的农民武装暴动,掀开了赣南土地革命斗争的序幕。赣南各地的农民暴动使反动派惊恐异常,他们组织反动力量疯狂镇压革命武装,同时派出大批特务在赣州城内严加搜捕。

在局势万分危急的情况下,曾延生仍不顾自身安危,坚持革命活动。

1928年3月23日,曾延生夫妇和赣南特委的同志们正在开会,研究下一步如何开展斗争。突然窗外传来一阵急促的哨声和脚步声。"不要放走一个!"外面呼喊声不断。"不好,敌人来了,快组织同志们撤退!"曾延生立刻采取应急措施,同时开始烧毁重要文件。可是为时已晚,敌人将他们团团围住,因力量悬殊,曾延生等13名共产党员不幸被捕。曾延生被捕后,被押送到国民党赣州警备司令部。然而不管是威逼还是利诱,曾延生都不为所动。敌人把他的妻子蒋竞英带到他的牢房,企图改变他的立场,但这对革命伴侣在牢房相见后,却是互相鼓励,对敌人严加训斥。敌人在无计可施的情况下,对他们下了毒手。

1928年4月4日,赣州城被萧瑟凄惨的气氛笼罩着,街上站着一排排荷枪实弹的士兵,曾延生夫妇被敌人押往刑场。虽然他们衣衫破烂,伤痕累累,却昂首挺胸,赤胆忠心,慨然自若。他们高呼着"打倒帝国主义!""打倒国民党反动派!""中国共产党万岁!"视死如归,从容就义。

17 张叔平：赤胆忠心为革命

1915年，第一次世界大战战事正酣，全球主要帝国主义国家忙于在欧洲战场上厮杀，无暇顾及中国。此时的东方，日本却欲在中国进行扩张。1月18日，日本驻华公使把旨在灭亡中国的"二十一条"递交给了袁世凯当局，为了得到日本的支持，袁世凯竟然准备答应。消息传出后，中国人民非常愤慨，纷纷集会、演讲、抵制日货，谴责日本的无耻行径，要求政府拒绝日本的无理要求，随后在全国各地掀起了各种各样的反袁爱国活动。在山西离石县（今离石区），一位心怀"国家兴亡，匹夫有责"满腔热情的爱国青年，编印传单，书写标语，发表演说，动员人们起来进行反袁爱国斗争。这位激情高昂的年轻人就是张叔平。

张叔平，1897年出生于山西离石县大武镇（今属方山县）一个普通农民家庭。他自幼聪敏，勤奋好学，性格刚毅，胆识过人，从小就树立了拯救天下苍生的人生志向。张叔平8岁进入本村私塾读书，20岁考入山西省立第一中学，在学校里接触到具有民主革命思想的书籍，对马克思主义学说产生了浓厚兴趣，之后走上了救国之路。五四运动时期，他积极投入革命洪流中，快速成长。1921年张叔平考入北京大学，结识了李大钊等进步人士，坚定了为共产主义事业奋斗终身的信念。1923年，他加入中国社会主义青年团，次年加入中国共产党。1924年秋，中共太原党支部成立，张叔平被推选为支部书记。他遵照上级党组织的指示，积极开展工作，在不到一年时间里，先后在晋南、晋中、晋北的十余个县成立了党的基层组织。1925年五卅运动爆发后，张叔平和中共太原党支部领导山西人民开展了声势浩大的声援活动。1925年冬，由于全国革命高潮的出现，党组织把他派到迫切需要干部的上海，担任中共上海杨浦区委主要领导，参与和组织了工人同盟罢工和武装暴动，有力地推动了上海工人运动的蓬勃发展。

四一二反革命政变后，党在上海的活动已经无法开展，张叔平在极其艰难的情况下被调往杭州，任浙江省委主要领导。他到任后一方面积极整顿、健全各级组织，一方面制定了"以恐怖还恐怖"的计划，惩处了大批反动分子，清理和处决了一些叛徒。1927年7月，由于内奸出卖，张叔平被捕，敌人欣喜若狂，认为会从他口中获取重要情报，从而把中共在浙江省内的党组织彻底消灭。敌人对张叔平严加审讯，施以坐电椅、上老虎凳等各种酷刑，把他折磨得死去活来，怀着对党的赤胆忠心，他始终没有向敌人泄露一点党的秘密。敌人见从他身上无法获取有价值的信息，决定将他杀害。

1928年1月28日凌晨，敌人把张叔平和另外七位革命志士押赴刑场。张叔平蔑视地看着监刑官，从容地说："野火烧不尽，春风吹又生。共产党人是杀不尽、斩不绝的。为共产党的事业，哪怕上断头台；为劳苦大众的解放，哪怕背十字架！""好啊，那我就成全你了。"恼羞成怒的敌人用早已准备好的八寸长钉，残忍地将他的双手双脚钉在了墙上。热血喷涌，张叔平奋力高呼："打倒国民党反动派！""中国共产党万岁！"气急败坏的监刑官连声狂喊："开枪，快开枪。"在一阵杂乱的枪声中，年仅31岁的张叔平壮烈牺牲。

18 张宝泉：
忠贞不渝的龙华烈士

1919年5月，五四运动在北京爆发，一批又一批先进的知识分子走上了通过示威游行、请愿、罢工、暴力对抗政府以反对封建主义和帝国主义的道路。五四运动激动人心的消息不断从北京传向全国各地，远在陕西三原的张宝泉，心中的爱国之火越燃越旺，产生了追求新生活的理想。他决定离开富裕的家庭，离开家人提供的优渥生活，奔赴前线，为民族独立而斗争。

张宝泉，1901年出生于陕西三原县一个比较富裕的家庭。父亲张宗厚在三原县城开杂货铺，经常去四川做生意。张宝泉少时在本县上小学，1915年入三原渭北中学就读，半年后转学至陕西省立三中。受五四爱国运动影响，他于1920年联络堂弟张仲超等多名同学赶赴天津，凭借优异的成绩考入南开中学，成为二年级的一名插班生。1922年，张宝泉加入了陕西旅京青年的进步组织——共进社。他在南开中学期间与同乡积极创办刊物，并为杂志投稿、捐款。1924年上半年，张宝泉加入中国社会主义青年团，他对新生活的追求更近了一步。同年7月，他被党选派前往苏联莫斯科东方大学学习。1925年的五卅惨案导致国内斗争局势十分紧张,党急需调动一批同志回国工作,张宝泉奉命回国。在回国之前,他已经由团员转为候补党员。回国后,他被分配到中共中央机关,先后从事工人运动及党的地下交通工作。

1927年4月12日,以蒋介石为首的国民党右派发动四一二反革命政变。在困难重重、遍布危险的时刻,张宝泉仍在夜以继日地工作,建设党内交通线,保障党中央的安全。1928年4月15日,中共中央政治局常委、中央组织局主任罗亦农因叛徒出卖被捕。此时的敌人正因抓到中共重要领导人而士气大涨,认为"首要已擒,共祸可熄",正幻想一举消灭中共在上海的整个秘密机关。时任中共中央内交主任的张宝泉感到自己肩上的担子更重了。因为担心中共重要领导人周恩来等人未能及时撤离,他先是找到中共中央机关刊物《布尔塞维克》编辑郑超麟给自己换装,然后再赶到周恩来处送情报,得知周恩来已安全撤离,才放心离开。不料却在返回途中遇到外国巡捕,不幸被捕。

因为张宝泉身上携带许多党内重要文件,敌人把他当作"奇货",急于从他口中得到重要情报。但张宝泉坚贞不屈,威逼利诱与严刑拷打都没能让他松口。后来,他被转到龙华警备司令部。"不知道!你们休想从我嘴里得到什么有用的东西!"即使被打断腿,被打到血肉模糊,被打昏过去,他都紧咬牙关,未曾说出一句党的机密。在被打了二百军棍,挨了七枪后,他

的身体被敌人用三把刺刀挑起,扔出了龙华监狱的围墙。年仅27岁的张宝泉就这样壮烈地牺牲了。

在张宝泉同志牺牲后,党中央机关刊物《布尔塞维克》以"一个好的革命党人"赞扬张宝泉,称其为"忠实的共产党人的代表"和"革命党人的好楷模"。

19 李源：
宁死不屈写忠贞

　　1919年一个阴雨连绵的下午，在广州码头有一位身影单薄的少年看着行色匆匆的路人，独自一人搭上了去往香港的客轮。客轮离码头越来越远，他不时地回头向码头望去，心情无比沉重，心里想着何时才能回来。这位心事重重的少年就是李源，1904年出生于广东博罗。年仅15岁的他因家庭贫困不得不外出谋生，到香港后在一艘轮船上做工，整日的风吹日晒和辛苦劳作磨炼了他坚毅的品格。

　　1921年，李源加入了中华海员工业联合会，3年后加入了中国社会主义青年团，此后参加过香港海员大罢工和省港大罢工，在斗争中积累了丰富的经验。1925年秋，因在工人运动中表现突出被党组织所吸纳，不久之后就担任了中华海员工业联合会支部书记，继续领导工人开展运动。1926年，他受党组织派遣，利用担任政府职员的身份率队开展反走私斗争。四一二反革命政变后，反动派又在广州发动了反革命政变，整个广州城被白色恐怖所笼罩，大批共产党员遭到逮捕和屠杀，此时的

★ 忠诚篇 ★

李源不得不使用化名转入地下开展革命活动。由于他在香港与广州两地的海员中拥有扎实的群众基础，4月下旬被党中央任命为广东省委特派员，继续开展宣传教育活动，并领导建立了广州地区的工人秘密武装。同年12月，广州当地的工人武装在李源的组织和领导下，纷纷加入由张太雷领导的广州起义当中。前来镇压广州起义的反动军队在长堤一带遭到李源率领的工人赤卫队的沉痛打击。参加起义的主力部队在失败后被迫撤出广州，李源奉党组织命令，率部担负起了掩护部队撤退转移的艰巨任务。

1928年9月，李源被任命为中共广东省委主要负责人，他肩上的担子更重了。不久，李源计划到粤东开展工作。在出发之前，他对自己当时已有身孕的妻子丘咏闲说："我准备去东江视察了，那里一直有着不毛之地之称，反动派又在四处搜捕、屠杀共产党人，我们派去一个同志，牺牲一个同志。但是，为了不遗余力地完成党交给我的艰巨任务，就算是上刀山下火海，我万死不辞。"接着，他拉着爱妻的手，满怀深情地说："你已有身孕，不能随我一同前往执行任务。如果我不幸牺牲了，将来生下男或女，辛苦你抚养他成人。要教育他为烈士和死去的共产党员报仇雪恨，为中国人民谋幸福。"说罢，他拿起行装，带着对党的无限忠诚毅然决然地踏上新的征途。

一路上风尘仆仆，风餐露宿，日夜兼程。到达潮汕地区大南山根据地后，李源及时向当地人民群众传达了中共六大精神，号召广大共产党员坚定革命信心，不怕道路艰苦。他深入农村，联系群众,一点一滴地在人民群众中扩大了共产党的影响,逐步恢复好、发展好党的革命力量并持续开展斗争。随后,他与当地游击队一起,在各个山区与敌人进行艰苦卓绝的武装斗争。1929年11月,他在大埔县三河坝一带与敌人战斗时,遭反动武装突袭而被捕。狱中的李源遭受了惨无人道的折磨,毫无人性的特务使用坐老虎凳、插竹签、灌辣椒水等酷刑来消磨他的意志,但他没有屈服,更没有向敌人泄露党的任何秘密。敌人恼羞成怒,残忍地将他杀害。他牺牲时年仅24岁。

20 赵云霄："你的父母是共产党员"

"小宝宝，我很明白地告诉你，你的父母是共产党员，且到俄国读过书……希望你长大后好好读书，且要知道你父母是怎么死的……希望你好好长大成人，且好好读书，才不辜负你父母的期望。"这封感天动地的红色遗书，写于1929年3月24日，其书写者是革命烈士赵云霄。

提起赵云霄的名字，或许你会感到陌生，但今日之胜利和太平，必然有她的一份功劳。为了革命斗争的胜利，她赤胆忠心，付出了青春，洒下了热血，最终献出了自己宝贵的生命。

赵云霄，1906年出生于河北阜平一个富裕的书香家庭。当时的清朝已日薄西山，在内忧外患的双重夹击下，越来越多的人思想开始觉醒，一些人走上了革命道路，一些人开始注重下一代的培养，希望他们学有所成。赵云霄的父亲便属于后者，所以幼时赵云霄便随父亲读书。1924年7月，她以优异的成绩进入保定第二女子师范学校读书。求学期间，她阅读了大量的进步书刊，逐步接受了革命思想。因表现优异，她不久就加入中国社会主义青年团,并鼓励家乡妇女起来反抗封建压迫。

为了培养党内优秀分子,1925年中国社会主义青年团将一批优秀青年送往莫斯科中山大学学习,赵云霄就是其中一员,同去的还有年长她一岁的陈觉。相仿的年纪,共同的革命理想,让两颗年轻的心越来越近,他们由战友变成了恋人,最后结为革命伴侣。1927年9月,两人学有所成后回国,在党组织的安排下,被派往湖南领导农民武装斗争。1928年春,他们在湖南各地领导农民开展武装斗争,建立了许多基层的苏维埃政权。同年9月,他们被派往长沙从事地下工作,因叛徒告密被逮捕。赵云霄随即被反动派关押在长沙陆军监狱,丈夫陈觉也被押到这所监狱。在狱中他们夫妇互相鼓励,誓死不泄密,坚毅不屈,最后敌人以"策划暴动,图谋不轨"的罪名判处两人死刑,因为当时赵云霄有身孕被缓期执行。1928年10月14日,还未见到亲生骨肉的陈觉,就死在了敌人的酷刑下,终年24岁。牺牲前,陈觉给赵云霄写了一封遗书,他说:"如果是以前死,我死得轻如鸿毛,但现在死,我死得重于泰山。我们虽然死了,但我们的遗志自有未死的同志来完成,大丈夫不成功便成仁,死有何憾!"

1929年2月的一天,赵云霄生下了一名女婴。孩子的名字,陈觉在遗书中已经起好了,就叫"启明"。可是她与孩子分别的日子很快就来临了,知道行刑日期时,赵云霄没有丝毫的恐惧,她只是担忧和挂念着襁褓里的女儿。在牺牲前两天,她流泪写下了那封感动无数人的"红色遗书"。遗书中那一声一声

的"小宝宝",是一位母亲对女儿最深情的呼唤,也是一曲亲情的人间绝唱,让我们感受到了母爱的伟大和所蕴含的英勇无畏的献身精神。3月26日,赵云霄给女儿喂完了最后一口奶,从容地走向了死亡。

作为中国共产党人,从革命开始,就有为革命慷慨赴死的思想准备,不会因为害怕死亡而背叛党,背叛祖国。即使怀着对亲人的牵挂和对女儿的万般不舍,赵云霄仍没有动摇,毅然步入刑场,这就是中国共产党人的崇高革命信仰和对组织的忠贞不渝。

21 | 李鸣珂：
被朱德称为"英雄"的兵运领袖

大革命失败后，中国共产党在四川的起义遭到军阀刘湘的镇压，一些意志薄弱分子叛变投敌。尤其是1930年3月，四川兵运委员易觉先投降刘湘，天天带着其他叛徒在大街上指认共产党员，导致我党不少同志和秘密据点纷纷暴露。重庆全城风声鹤唳，一些党员已经陆续转移，但四川军委书记李鸣珂不顾自己已被通缉的危险，决定留下来处决这个叛徒。4月18日，李鸣珂出门执行任务时，在街头巧遇易觉先和几个敌特，他身手敏捷，一枪击毙了易觉先，但自己也被捕，并壮烈牺牲。

李鸣珂，1899年出生于四川南部县的一个贫苦农民家庭，读中学时就受民族主义思潮的感召，参加了反日游行。在成都读书时期，他结识了"辛亥老人"吴玉章，两人成为忘年交。此后李鸣珂接触了一些马克思主义的书籍报刊，思想日渐进步，并积极投入到宣传新思想和针对贪官污吏的斗争中去。

1925年，李鸣珂远赴广东进入黄埔军校学习，并加入了周恩来组织的"青年军人联合会"（成员多为中共党员），对抗国

民党右派的"孙文主义学会",多次抵制后者的倒行逆施。毕业后,李鸣珂在武汉加入了叶挺所在的国民革命军二十四师教导大队,后来鼎鼎大名的粟裕将军就是李鸣珂的队员。

汪精卫叛变革命后,我党决定举行武装起义反击。8月1日,南昌起义打响,李鸣珂在中央前敌委员会任警卫长,负责起义领袖的安全。后来起义部队因遭遇国民党强力镇压和追击骚扰,不得不向广东转移,开小差的人不断增加,但李鸣珂在前线战斗勇猛,为部队的南下扫清障碍,成功安置了伤兵,还护送周恩来等人经香港去上海落脚。李鸣珂的出色表现获得了周恩来、朱德等领导人的交口称赞。

不久,周恩来在上海组建中央特科,考虑到革命的需要,他派李鸣珂自上海回四川老家从事兵运和秘密战线的工作,在川北一带创建根据地。李鸣珂回川后开始筹集资金,出版刊物宣传革命,还成功将部分川军部队策反,川北工农运动一度如火如荼。后来四川军阀和土豪劣绅疯狂反扑,由于敌我力量对比悬殊,起义军大部被封锁包围,加上叛徒出卖,李鸣珂领导的两次武装起义均以失败而告终。但是李鸣珂并未气馁,"就是一个人,一支枪,也要扛起义大旗进行战斗"。1930年3月,李鸣珂在川北进行第三次起义,成功组建红军四川第二路游击队,后转任湖北红六军军长。在赴任前夕,易觉先叛变,导致四川党组织受到重大损失。虽然一个月后李鸣珂成功处决了这个叛徒,但他自己也不幸被俘。

李鸣珂在监狱里面对敌人的酷刑,毫无惧意,反而有机会就向军阀的士兵、衙役宣传革命思想。由于看中李鸣珂的带兵能力,刘湘亲自出马,软硬兼施地劝降,但李鸣珂誓死不从,刘湘毫无办法,只能将李鸣珂杀害,并曝尸三天。

  作为我党早期军事战线上的干将,李鸣珂对党忠心耿耿,行事勇谋兼具,党中央领导对李鸣珂的牺牲深感悲痛。1945年,八路军总司令朱德在延安接见了李鸣珂的儿子,给他题词"父是英雄儿好汉,父子相继要使工农把身翻",充分肯定了李鸣珂的突出贡献。

22 | 冯铿：
为忠诚身中数弹

每当人们到上海的龙华烈士纪念馆参观时，都会对一件色泽灰暗的羊毛背心产生疑惑，这件看起来如此普通的羊毛背心为什么会被陈列在纪念馆呢？它背后又有怎样感人

冯铿的羊毛背心

至深的故事呢？走上前来仔细观看，就会发现这件背心上竟然密布着7处弹孔！多么让人触目惊心！说起这件背心的故事，就不得不提到"龙华二十四烈士"之一的冯铿女士。

1907年10月10日，冯铿出生于广东潮州一个贫穷的教师家庭。从小她就喜欢读书，勤敏聪慧、性格倔强。她的父母和兄姐都是从事教师职业的知识分子，冯铿8岁就开始阅读《红楼梦》等古典小说，15岁就开始发表作品。伴随着丰富多彩的学校生活和波澜壮阔的革命斗争实践，她的文学创作一发而不

可收，耕耘不辍，完成了大量的作品。她在友联中学高中部读书期间，正值国民革命在广东兴起，当时潮汕地区是广东乃至全国国民革命的中心之一。1925年国民革命军两次东征，矛头所向就是盘踞东江、潮汕一带的反动军阀陈炯明。在这么一个风起云涌的年代，冯铿这个年仅十七八岁的高中生，便以笔杆子当作战斗武器对准反动势力，写了许多抨击反动军阀的战斗檄文。她认为文学可以为革命助威呐喊，可以点燃人民心中的火焰。毕业后，她来到乡间小学任教，有了更多的机会接触民情、了解社会。此外，她姐姐因反抗不自由的婚姻而死，也对她造成了极大的影响和创伤。1929年在师友的帮助下，她开始学习马列主义，并学习了英文和日文，走上了革命道路，不久就成为一名光荣的中国共产党党员。后来，她积极利用探讨文艺的机会，在青年团体中宣传革命思想，帮助进步青年走上革命的道路。

1931年1月17日，上海的各级党组织准备召开秘密会议。未曾想到的是，会议的具体时间和地址被国民党公安局获悉。在反动派的大搜捕下，36名同志不幸被捕入狱，冯铿就在其中。狱中条件十分恶劣，被捕的同志们都忍受着身体和精神上的双重折磨，他们吃不饱、穿不暖，却担心着民族和国家的未来。冯铿被敌人折磨得脸庞青肿。即使这样，在面对敌人的审讯和酷刑时，他们意志非常坚定，对党忠诚，坚守着共产党人的崇高气节。虽然当时党组织及各方力量都在努力设法营救这批青年人，但反动派的魔爪很快就伸向了他们。

2月7日晚放风后，看守长亲自带人点名，大家预感要出大事。不一会，看守长拿着名单指挥看守提人，几名同志被叫了出来，因为有了预感，他们早已做好牺牲的准备，坦然地走出牢狱。从女牢里押出三个人，冯铿也在其中。押出监狱后，看守马上把他们五花大绑地捆起来，尽管这样，他们依然挺胸抬头，气宇轩昂地走向刑场，哗哗的铁镣声打破沉寂的黑夜。他们排成两行，对视着镇静地向前走。行刑的士兵躲在屋子里，把枪从窗口伸出来。突然一阵枪响，第一排的同志来不及喊口号就倒下了；第二排的同志勇敢地走上前高喊："中国革命成功万岁！""世界革命成功万岁！"又一阵密集的枪声，不少同志中弹倒下。但是，只要还有一口气，他们仍昂首挺胸地坚持喊口号。身穿深色羊毛背心的冯铿身中七弹，壮烈牺牲，年仅24岁。

这就是这件羊毛背心背后的令人痛心和感动的故事，包括冯铿在内的这些革命烈士用自己的生命捍卫着共产党人的尊严，保守着党的秘密，他们甘愿抛头颅、洒热血，始终对党忠诚不渝。

23 | 李硕勋：出入龙潭虎穴间

第一次国共合作破裂后，国民党实行白色恐怖统治，疯狂镇压共产党。尤其在蒋介石重点控制的苏浙沪地区，白色恐怖异常严重，从事地下工作十分危险。但是，依然有一批忠贞无畏的党员，知难而上，为了党在白区的思想宣传、情报收集、工运农运等事业而殚精竭虑。著名的革命家李硕勋便是这些年轻党员中的翘楚。

李硕勋塑像

李硕勋，1903年出生，四川高县人，幼年早慧，思想先进，17岁成为领导宜宾地区学运的风云人物。当时他受到"辛亥元老"吴玉章的影响，接触共产主义思想较早，在四川省立第一中学读书期间就曾参与建立四川社会主义青年团。

李硕勋于1923年考入上海大学社会学系,这所大学在当时是著名的左翼运动的圣地。李硕勋入校后,在瞿秋白、蔡和森等人教导下系统学习马列主义,业余时间参与领导工人运动。1924年,李硕勋加入中国共产党。次年上海发生五卅惨案,李硕勋领导上海群众进行示威游行,并在第七届全国学生代表大会上被选为全国学联会长,在各地培养学生的革命武装——学生军,领导学生发起反帝反军阀爱国运动。

北伐时期,李硕勋负责国民党上海市党部的工作,由于叶挺独立团在武昌会战期间作战勇敢,减员不少,李硕勋在上海积极动员学生参军北伐,有效补充了兵员。之后李硕勋改任湖北团省委书记,进入第四军二十五师和叶挺搭班子继续战斗,曾在河南打败张作霖的部队。汪精卫叛变革命后,李硕勋坚决与之抗争,将七十三和七十四两个团成功策反,组建新的二十五师参加南昌起义。部队南迁后,李硕勋遵照朱德的指示回到上海找党中央,此后陆续在江苏、浙江、上海一带从事地下工作。值得一提的是,除了情报和党务工作出色,李硕勋还是军事方面的人才,他在周恩来的领导下,扩充江苏地区的农民武装,担任江南省军委书记。

李硕勋与妻子赵君陶1926年结婚后,长期忙于各自的工作,再加上形势凶险,很少有时间在一起。1931年1月,国民党政府公布"危害民国紧急治罪法",残酷逮捕共产党和进步人士,李硕勋必须小心谨慎地行动。由于长年生活饮食不规律,他得了严重的胃病,但依然军政一肩挑,带病坚持领导工人运动、学生运动和妇女运动,成功创建(或改编)红十四军、十五军、十七军,在南方还组建红十一军,为扩大党的武装尽心尽力。

后来,广东省委书记蔡和森不幸遇害,李硕勋临危受命接替了他的工作,开辟了东江根据地。后因叛徒出卖,李硕勋在海口被捕,他毫不畏惧地承认自己共产党员的身份,任凭敌人酷刑折磨,双腿打断,坚决不吐露一字。李硕勋知道国民党肯定会痛下毒手,于是坦然写下遗书。1931年9月,恼羞成怒的国民党最终将他杀害。李硕勋牺牲时年仅28岁。李硕勋的一生,是为党的事业忠诚奋斗的一生。

24 刘德全：
慷慨赴死，不屈不辱

刘德全，1901年出生于湖北随县一个富裕的地主之家，自小就接受了良好的教育。从私塾到清潭初级小学，再到双河高级小学，他接触的报刊越来越多，以《觉剑》《启明》《楚北早报》为代表的宣传进步思想的报纸、杂志让他大开眼界。1923年冬天，他进入枣阳白水中学学习，在那里他接触到了更多的革命报刊，受到了更多新思想的冲击。后来，刘德全积极响应共产党的号召，参加了革命活动，并于1926年3月加入了中国共产党，成为一名光荣的共产党员。

在打击反动武装行动中，刘德全积极参加革命活动。这让他的地主家庭十分震惊，家人不理解他的这种"疯狂"行为，但他并不在乎家族给他扣的"不肖子孙"的帽子，毅然决然与哥哥分了家，还希望母亲可以烧掉契约，分田地给佃户。在把家中事务托付给妻子料理后，刘德全彻底地投入革命斗争之中。1927年1月，党组织将他派往黄埔军校武汉分校学习军事。几个月后，蒋介石与汪精卫先后发动反革命政变，大肆屠杀无辜的共产党人和人民群众，全国上下处于一片惶恐之中，革命转入低潮。刘德全被迫从武汉回到老家，秘密进行革命活动。几个月后，形势有所缓和，刘德全开始以做生意为掩护，艰难地开展地下活动。一个偶然的机会，刘德全获得了十余条枪，随后便开始养兵，建立起了自己的武装。

1929年，在这支武装的基础上，刘德全建立了新集乡农民自卫队。他亲自带领自卫队击败了几股土匪，并将其发展成随西地区重要的武装力量。在后来的战斗中，刘德全指挥的农民自卫队，在歼灭了反动武装谢雨生部之后，又攻克了杜家水湾、苏家小寨等反动巢穴，处决了反动头目苏礼轩等人。同时，还配合赤卫队攻占了王家畈、宋集、板桥等敌人的重要据点，为保卫苏区、壮大人民革命武装做出了重要贡献。还乡团叫嚷着要以重金买刘德全的头，要杀掉他全家。那些人抄走了他家的家具，没收了他家的田地，拆毁了他家的房子，还以他三哥做人质，企图让刘德全投降。刘德全三哥为了整个家族的命运，劝说刘德全就此罢手。尽管如此，刘德全还是誓死不回头，表示要同反动派斗争到底。

1932年，刘德全因扩充红军心切，中了敌人设置的圈套，在前往谈判地点的路上被事先埋伏好的敌人抓获。在审判的法庭上，刘德全依旧慷慨激昂地揭露了国民党反动派犯下的滔天罪行，还号召人民站起来进行斗争。他的言行激怒了敌人，敌人对其进行了残酷的折磨，灌辣椒水、坐老虎凳等酷刑全部用上，但他始终不肯屈服，恼羞成怒的敌人决定将他押解至枣阳

城南门处决。在前往南门的路上,站满了为刘德全送行的老百姓,他们无一不为刘德全感到痛惜。刘德全面对死亡,毫无惧色,反过来安慰乡亲们,让乡亲们不要为他伤心,因为"共产党人是杀不绝的"。刘德全牺牲时年仅 31 岁,他用自己短暂的一生诠释了什么是为党而战、为人民而不懈斗争和对组织的忠贞不渝。

25 陈浅伦：马儿岩上一抹红

陈浅伦又被押到了这里，多么熟悉的环境，阴森森的长廊，寒光映照着他坚毅的面容，这已经是他第三次来到这阴冷的监狱，遭受敌人的严刑拷打和惨无人道的折磨。

陈浅伦，1906年出生于陕西西乡，自幼聪敏好学。5岁时入私塾启蒙，后入城固县天明寺高级小学读书，在家乡受到了良好的教育。后来在师范学校读书期间，他阅读了大量宣扬进步思想的书籍，毅然投身于反帝反封建的斗争。1927年4月，他考入了国民联军在西安开办的中山学院农运班。这是一所为培养革命干部而建立的学校，在这所学校里，他学习了马列著作。8月中旬，冯玉祥解散了中山学院，陈浅伦只好回到家乡，在城关、杨河一带进行革命宣传。当地豪绅诬告他聚众闹事并企图加害于他，陈浅伦被迫离开家乡，辗转到上海。1928年春，他先后在上海两所大学读书。翌年冬，加入中国共产党，从此开启了他的革命生涯。

1930年陈浅伦第一次被捕入狱，起因是上海发生了武装起

 ★ 忠诚篇 ★

义,陈浅伦为了起义的成功发动和实施进行了积极的宣传。由于走漏了风声,陈浅伦很快被捕,敌人对他严刑拷打,但他没有吐露一丝一毫关于党内的信息,严守了党的秘密。值得庆幸的是当时他的身份并未暴露,在狱中关押一年后被释放。在组织的安排下,获释后的陈浅伦担任共青团西安市委组织部部长,不久升任书记,但他依旧不忘自己的革命使命,以记者和中学教师的身份作为掩护,在敌后秘密开展革命工作。

为加强中共陕南特委的领导,有效地开展武装斗争,党组织交给他一项重要任务,让他与特委的其他同志一道组织学生和群众开展运动。就在他同师生一起举行学生运动时,陈浅伦再次被捕入狱。再次入狱的陈浅伦没有放弃一线希望,他和一同入狱的同志们互相鼓励,相互扶持。终于在社会各界人士的不懈努力下,三个月后,陈浅伦再次被营救出狱。出狱后,他依然保持着对党和革命的无限忠诚与热情。1932年,陈浅伦返回西乡、城固等地,积极发动青壮年农民参加游击队。与此同时,他把一些分散的地方进步武装力量争取过来,集结组成了一支几百人的革命队伍,秘密策划举行起义。但由于计划暴露,导致起义失败。此时红四方面军已抵达川陕边的城固小河口,陈浅伦与其取得了联系,并在其帮助下,建立了红二十九军。陈浅伦曾说:"我们共产党的革命,不是为了当官发财,而是为了给所有受苦的人提供衣食住行和美好的生活。"他就是带着这种信念以及对党和人民的忠诚,积极投身于革命事业。

在任红二十九军军长期间,陈浅伦与军政委李艮整顿改造部队，指挥部队多次打退国民党军队的围攻，相继进行了白崤垭、延水、贯子山等战斗，使部队迅速发展到两千多人。在西乡、巴山一带开辟了以马儿岩为中心，面积达200多平方公里的根据地和400平方公里的游击区，并以此为基础建立了马儿岩苏维埃政府。1933年3月，国民党对共产党及其领导的人民军队进行"围剿"。由于敌特分子用重金收买了红军中的叛徒张正万，提前获悉陈浅伦军事力量的具体部署，导致他领导的队伍在军部驻地马儿岩被国民党军队团团围住。在被敌人包围的紧要关头，陈浅伦喊道："张正万，你这个狗东西，你杀我一个，杀不完红军，红军会给我报仇的！乡亲们，不要怕，将来红军来了，有冤的申冤，有仇的报仇！"陈浅伦临危不惧，在高喊"中国共产党万岁"的口号中壮烈牺牲。陈浅伦的一生三次出入敌人的监狱，却依然勇敢，初心不改，展现了对党的无限忠诚。

26 李春亭："革命的细胞是新陈代谢的"

20世纪初，帝国主义列强纷纷侵略，清政府腐败无能，最终只能签订丧权辱国的条约。民族危亡之际，无数仁人志士探寻救国之路。1901年，李春亭就出生在这样动荡的社会。他原名祖茂林，安徽宣城人，自幼聪敏，力求上进，在家乡受到了良好的教育。1918年考入安徽省立第五中学，在中学期间参加过轰轰烈烈的五四运动。

李春亭中学毕业后，1923年秋以优异的成绩考入厦门大学读书。1925年上海五卅惨案发生后，他在老家安徽发动爱国青年学生和工农群众组织"芜湖外交后援会"，声援上海工人、学生的反帝斗争。同年秋，考取公费留学，到日本长崎帝国医科大学攻读医学，并在日本加入中国共产党。1926年，在国共合作开展的国民大革命感召下，他毅然终止学业，回国参加大革命，被党组织安排在上海从事宣传工作。1931年初，受中共中央委派到山东秘密开展工作。6月任中共济南市委秘书长，因工作出色，同年8月被提拔为济南市委主要负责人。按照山东省委的指示，除了加强对济南大中学生抗日救亡运动的领导外，还在泰安、莱芜、曲阜等地积极开展组织建设工作，先后建立了中共泰安特支、泰安县委、莱芜特支和曲阜特支。中共青岛党组织自1931年4月遭到破坏后，工作一直处于停滞状态。1932年年初，根据山东省委指示，李春亭临危受命来到青岛，开展整顿、恢复党组织的工作。他把工作重点放在了四方、沧口等工人集中的区域，发展党员，重建了中共四方支部，并通过沧口宋哥庄小学支部，领导四方、沧口各纱厂的斗争，并取得了重大胜利。

由于长期从事党的地下工作，工作环境极其恶劣，经常饥一顿饱一顿，生活极不规律，他患上了严重的肺结核。每当有同志劝他休息治疗时，他都语重心长地回答："不少同志为了革命，流尽了最后一滴血，我吐两口血又算什么！现在工作刚刚开始恢复，我怎能安闲地去养病呢？"接着便又投入紧张的革命工作中。1932年5月上旬，他因领导工人罢工，身份暴露，处境十分危险。5月底，山东省委派全总巡视员李伟仁接替李春亭的工作。在交接工作过程中，由于内奸出卖，两人先后被捕。被捕后在青岛拘留所里被关押了两个多月，面对敌人诱惑、欺骗、殴打、精神折磨等层出不穷的卑劣手段，李春亭始终没有透露党的一点机密。即使与叛徒当面对质，李春亭也绝不松口。在转押济南的途中，李春亭了解到有的年轻同志因缺乏经验，在敌人诱诈之下暴露了自己的真实身份，他就抓住时机，避开押差的监视，对他们进行革命教育，介绍自己的对敌斗争经验。

在他的启发下，这些同志到济南后全部翻供，并申诉了青岛当局酷刑逼供，使得敌人无计可施。

敌人认为李春亭已经没有利用价值，便起了杀心。1933年8月18日，李春亭、李伟仁等9名共产党员在济南泺口西的马家道口被敌人残忍杀害。临刑前，他正气凛然，毫不畏惧，语重心长地对难友们说："同志们、难友们，这没有什么关系，革命的细胞是新陈代谢的，永远死不完的，好好干下去吧！"

27 梁德元：
在隐蔽战线分化瓦解敌人的秘密党员

在土地革命时期，由于敌我武装力量悬殊，中共除了通过山地游击战和运动战打击国民党外，还派出大量情报人员潜入国民党部队内部，利用国民党与小军阀的派系矛盾，对他们进行分化瓦解。从事这种工作的党员，需要敏锐的眼力和较强的交际能力，以及对组织纪律的无条件遵守。梁德元便是其中的一个优秀代表。

梁德元，1904年出生于山东昌乐的一个小村庄，自幼勤奋读书，17岁时到青岛读职校，其间接触了马克思主义，随后积极投入进步学生运动。20世纪20年代，山东军阀反动统治异常严密，中共党组织数次遭到破坏。1931年，梁德元来到西北地区开展士兵运动，因为公开发表文章赞美苏区的社会生活，被军阀马鸿逵抓捕。两年后，党组织把梁德元营救出狱。当时我党组织的西北抗日义勇军在兰州起义，开展土地革命，引起蒋介石的恐慌，他随即命令西北军阀组成三省联军强力镇压。梁德元此时奉令赶赴兰州，从事分化国民党的工作。

★ 忠诚篇 ★

经人介绍，梁德元进入驻甘肃行署主任邓宝珊的国民党新一军教导队担任政治教官。由于邓宝珊一向同情革命，与不少共产党人交好，梁德元得以在新一军宣传共产党的抗战思想、社会主义革命理论和孙中山的三大政策。梁德元敏锐地意识到西北军阀与蒋介石面和心不和，便在西北军内部传布"中央军来了和西北军抢地盘"之类的舆论，导致国民党的地方军阀和蒋介石产生了不小的嫌隙。1933年7月，陕西省委委员、红二十六军政委杜衡叛变投敌，让我党在西北的地下工作受到挫折。由于杜衡的出卖，中共甘宁青特委全部暴露，梁德元躲避不及，被敌人抓捕。梁德元在狱中不但不与敌人合作，反而抓住一切机会宣传党的政策，怒斥蒋介石的倒行逆施。敌人用各类酷刑（如灌辣椒水、压杠子等）将梁德元折磨得死去活来，但梁德元的立场丝毫没有动摇，敌人只得将他杀害。

与众多情报人员一样，梁德元的工作环境异常险恶，即便经常更换住所也未必能保证绝对安全。他只能谨慎行事，时刻紧绷神经，提防特务跟踪，避免暴露身份。他经常借白天在教导队上课的机会，与国民党军政人员交际应酬，以便获得情报，进行拉拢分化。有时还要抽时间与地下工作者交流，及时把敌情告知中央。到了夜晚万籁俱寂之时，梁德元也顾不上休息，连夜制作墙报传单，起草党的各类文件。为了行动保密，他大热天不敢打开门窗。梁德元编撰的小册子，记录了当时国内外革命形势、中共苏区的情况、国民党残暴的独裁统治，这些小册子通过各种途径散发到西北军阀的士兵手里，无形中扩大了共产党的影响。

梁德元工作勤奋忘我，但对生活没有任何要求。他把工资全用作党费，自己的衣食住行则能省就省。经常是锅饼蘸开水就凑合一顿饭，有时甚至挨饿。他和战友王健三住在一个宿舍的时候，连衣服都是换着穿，破了就补。生活的艰辛、环境的险恶丝毫没有影响梁德元的斗志，从他入党的那一天起，就为党的事业矢志不渝。而党的奋斗目标能够顺利实现，也有赖于千千万万像梁德元这样的共产党员严守组织纪律，服从组织命令，努力完成战斗任务。

28 陈原道：一生忠贞，一生践行

南京雨花台埋着无数革命英烈的身躯，民族英雄陈原道就是其中的一员。"身可杀，而爱国热血不可消；头可断，而救国苦衷不可灭。"这句由陈原道亲笔写下的慷慨激昂的誓言，诠释了他31年的短暂一生。雨花台下，无惧极刑，甘愿献身，义无反顾。"一生忠贞，一生践行"，这便是对陈原道的最崇高的赞誉。

陈原道，1902年出生于安徽巢县（今巢湖市），虽然出身普通农民家庭，但家人节衣缩食供他读书，自幼就接受了良好的教育。他始终刻苦学习，小小年纪便深得老师的赞扬。端正的学习态度以及老师的殷殷教诲，使陈原道具有了为国奉献的高尚觉悟。五四运动时期，作为学生代表的一员，他主动加入这场声势浩大的运动。考入大学后，他在老师和马克思主义进步思想的双重影响下，积极参加了专门研究马克思主义的学会，对各种工人运动也都参与其中。1924年，陈原道加入中国社会主义青年团。作为青年团的一分子，他组织建立学生联合会，并且时刻牢记工人对于中国社会发展的重要性，继续为工人运动而努力着。陈原道专门成立针对工人实行教育的学校，教工人读书识字，提升他们的文化知识水平。

1925年，震惊中外的五卅惨案爆发，陈原道第一时间号召身边的组织，成立"芜湖各界五卅惨案后援会"，奋起打击帝国主义的势力。之后，陈原道光荣加入了中国共产党。不久，陈原道受上级组织安排赴苏联莫斯科中山大学学习俄语。求学期间，他仍旧保持了一贯的认真和勤奋，成绩十分优异，并且专注于研读《资本论》，对大量马克思主义经典著作进行了翻译。1929年党组织安排陈原道担任中共江苏省委宣传部副部长，在时任省委宣传部部长任弼时的直接领导下，经常深入社会底层开展党的宣传工作，成为任弼时的得力助手。1930年2月，在中共河南省委连续遭到严重破坏的形势下，他受命于危难之际，担负起河南省委组织部部长兼秘书长的重任。1931年，陈原道赴天津任中共河北临时省委组织部部长，实际上主持省委工作。就在一切进展顺利的时候，他和妻子因开展革命活动而不幸被捕，被关押在北平军人反省分院（即草岚子监狱）。在狱中，他和薄一波等同志一道建立党组织，与敌人进行了英勇不屈的斗争，排除万难建立了狱中秘密党支部。他被选为狱中秘密党支部第一任书记，为团结和保存党的力量，纯洁党的组织做出了很大的贡献。

1932年，经多方营救，陈原道出狱。但由于叛徒的出卖，一年后他再次被捕入狱。面对各种严刑拷打和威逼利诱，陈原

 ★忠诚篇★

道始终没有低下准备为中国革命事业献身的头颅,始终坚定对共产主义的信念和对党的无限忠诚,没有向敌人泄露党的任何秘密。敌人恼羞成怒,最终陈原道在南京雨花台被杀害,英勇就义。"一生忠贞,风范长存",陈原道的精神值得我们永远铭记。

29　王泰吉："宇宙将来到处红"

陕甘边革命根据地在中国革命史上写下了光辉的一页，在党的历史上有着起承转合的特殊地位。开拓这个根据地的主要部队就是赫赫有名的红二十六军四十二师。而红四十二师的首任师长，就是陕西的革命家、军事家王泰吉。

王泰吉

王泰吉是陕西临潼人，曾在陕西著名的进步学校——陕西省立三中就读，1924年考入黄埔军校一期，随即加入共产党。北伐前夕，王泰吉所在的国民革命军第二军在河南战败，他随即奉命去陕西甄士仁的国民军联军从事兵运。

八七会议后，我党决定在各地发动武装起义推翻国民党。王泰吉按照陕西省委指示，于1928年4月发动甄士仁部队的一部分士兵起义，但旋即遭到敌人镇压，王泰吉侥幸脱险，随即再次与刘志丹领导渭华起义，担任西北工农革命军参谋长。渭华起义坚持了三个月，沉重打击了陕西军阀统治，但起义军最后在国民党和地主民团的夹击下被打散，转入游击斗争，王泰吉也与组织失去联系，不得不去河南打工，后来不幸被捕，押送到南京受刑。由于王泰吉在狱中始终没暴露身份，在国民党陆军十七师师长杨虎城（王泰吉父亲是杨虎城好友）担保下，王泰吉出狱加入杨虎城的部队，参加了中原大战。

不久，王泰吉被任命为十七路军骑兵团团长，被蒋介石派去"剿共"。王泰吉迫切想回到党组织，用尽一切办法想和组织重新建立联系。其实王泰吉并不知道，骑兵团已经有中共党员，就是他的侄子王振民。王泰吉后来自己和中共地下党接上头，恢复了组织关系。1933年7月，王泰吉率领1000余人发动耀县起义，成立西北民众抗日义勇军。起义军在转移时减员严重，仅剩100多人，好在部队到了照金与习仲勋、李妙斋等领导的游击队会合，成立中国工农红军陕甘边游击队，王泰吉任游击队临时总指挥部总指挥。随后，这支游击队改编为红二十六军四十二师，王泰吉担任师长。红四十二师在陕西甘肃交界一带转战，开拓了南梁根据地。

不过，在国民党和陕西军阀的夹击下，红四十二师兵力颇显薄弱。为扩充兵员，争取抗日武装，1934年年初，王泰吉带着警卫员前往陕南从事对国民党部队的策反工作，途经淳化时寄宿在老友马云从处。但是马云从此时已经暗中投靠了国民党，他当即把王泰吉和警卫员全部抓捕，然后向陕西省政府主席邵力子邀功。邵力子花了一个多月的时间对王泰吉软硬兼施，希望他投降招供，但王泰吉坚守革命党人的忠贞气节，无论敌人如何威逼利诱，他坚不吐实。由于王泰吉被蒋介石重点"关照"，一直受到特务监视，所以党组织和杨虎城想尽办法，始终无法将王泰吉营救出狱。王泰吉自知所托非人，此时已无生还念头，但始终对革命的胜利抱有坚定信心。在临刑前，他留下了几首壮丽的诗篇，其中的两句"遗嘱同志莫顾虑，宇宙将来到处红"，铿锵有力，感人至深！

王泰吉一生对党赤胆忠诚。陕北地区属贫瘠地带，被众多国民党和小军阀部队交叉控制，红军在此地作战十分困难，但王泰吉却在逆境中创造了生机，指挥部队在陕甘边开拓出根据地。虽然王泰吉28岁就英勇牺牲，但他的奋斗为红二十六军的发展和根据地的扩大奠定了基础。1935年秋，红二十六军在陕甘边根据地与红二十五军及刚刚结束长征的中央红军主力胜利会师。

30 刘畴西：从黄埔一期优等生到苏区名将

国共合作时期创建的黄埔军校，有不少精英受到共产主义理念的感召，坚定地走上了新民主主义革命的道路，为我军早期的武装革命事业鞠躬尽瘁。刘畴西就是其中一名出色的战将。

刘畴西，1897年出生于湖南长沙一个普通农民家庭，与湖南早年工运领袖郭亮是同学，两人中学时期便经常领导学生运动反抗帝国主义（如抵制日货运动）和军阀统治（如驱逐张敬尧运动）。后来五四运动的风潮传到湖南，刘、郭二人来到毛泽东所在的湖南长沙一师就读，受到马克思主义的熏陶，将共产主义作为一生的奋斗目标。1922年，刘畴西光荣加入中国共产党。

1924年，国共两党第一次合作，刘畴西以优异的成绩考入黄埔军校一期。刘畴西与蒋先云是黄埔一期里的顶尖学员。刘畴西不但在校内勇敢与国民党右派学生抗争，还在平定商团叛乱、统一两广的斗争中身先士卒，表现出色。在揭阳棉湖一战中，因伤势严重截夫左臂。

北伐军打到长江流域后,蒋介石发动反革命政变,刘畴西与郭亮来到武汉加入叶挺的部队,参加了武装反抗国民党的第一次起义——南昌起义。起义失败后,刘畴西与刘伯承、左权等人被组织推荐到苏联学习军事,后回到赣南的中央苏区加入红一军团。此时蒋介石正调集兵力"围剿"中央苏区。刘畴西率领红八师大败国民党谭道源部,随后在第二次、第三次反"围剿"战斗中表现出色,全歼韩德勤部,多次受到红军总部嘉奖。刘畴西不仅在战场奋勇杀敌,还在中央苏区的军校兼课,训练军事人才。第五次反"围剿"开始后,蒋介石采取稳步推进的"堡垒战术",刘畴西率领闽浙赣的部队多次破坏敌人的进攻,获得军委授予的二级红星军功章。

第五次反"围剿"失败后,中央红军主力开始长征,刘畴西与方志敏组建红十军团留守闽浙赣一带,牵制国民党兵力,并伺机北进,威胁南京。蒋介石多次"围剿"红十军团而不得,最后不得不加派兵力在皖南将他们层层包围。刘畴西在战斗中负伤,决定大家分散突围,引开敌人。无奈敌我力量悬殊,刘畴西与方志敏先后被俘。国民党狱卒软硬兼施,折磨了刘畴西半年,但刘畴西坚决不投降,最后反动派无奈之下,将刘畴西、方志敏、王如痴等红军将领残忍杀害。

刘畴西是一位对党忠诚、作战勇敢、治军有方的将领。他指挥的部队军纪严明、爱护百姓。不管是国共合作时期还是土地革命时期,刘畴西都严令部队不可贸然进入民宅,不得强制征兵,采摘农产品必须要找农民付钱,深得百姓爱戴。另外,

刘畴西总是无条件地服从组织安排，不畏困难。比如中央苏区第四次反"围剿"胜利后，其他根据地形势仍然不容乐观，总部因此派刘畴西去闽浙赣苏区，与方志敏配合指挥游击战，这个地区距离国民党的老巢南京最近，也最危险，但刘畴西毫不犹豫地赶赴前线，并在闽浙赣苏区的游击战争中表现出色，大大减轻了中央苏区的压力。

31 刘启耀：
自带干粮办公的省苏维埃主席

在土地革命时期，由于红军的根据地多在山区地带，土地贫瘠，而且时常遭到国民党封锁，苏区一直面临经济难题。全党全军必须尽可能节俭，以渡难关。当时曾经涌现出不少朴素清廉的党员干部，刘启耀便是其中之一。他以廉洁自律的品格成为苏维埃根据地干部的表率，同时在党务、政事、带兵方面样样出色，坚持与国民党反动派不懈斗争。

刘启耀

刘启耀，1899年出生于江西兴国县的一个贫农家庭，因家境贫寒，从小无钱读书，15岁便以打工为生。1926年，北伐战争打响，国共两党的部队迅速打到长江流域，共产党在江西建立了工会、农会等诸多革命团体，开展减租减息的农民运动。刘启耀当即加入农会，率领农民与地主抗争，并在1928年年底

入党。

时值大革命失败的白色恐怖时期,但江西的红色革命却如火如荼地进行,各县各乡大多建立了苏维埃政权。刘启耀在兴国老家担任睦埠乡苏维埃政府主席,率领群众打游击。1932年,他被任命为江西苏区反帝大同盟主任。这一时期江西的工人运动在刘启耀的领导下发展迅速,中央苏区有十多万工人加入了工会。由于自身利益有了切实保障,工人们纷纷参加红军、赤卫队或少先队。由于有出色的工作业绩,1933年年底,刘启耀当选江西省苏维埃主席。当时的苏区兵员紧张,物资匮乏,刘启耀在"扩红"、筹集军饷和经济建设等方面也贡献卓著。同时,刘启耀深知自己文化水平有限,在工作之余刻苦自学识字,还带动苏区的扫盲运动,受到毛泽东同志夸赞。

1934年秋,因为王明"左"倾错误的影响,中央苏区第五次反"围剿"失败,不得不开始长征。此时刘启耀率领一部分红军坚持留守,负责吸引国民党的追击部队,减缓中央红军主力的压力。1935年年初,刘启耀部被国民党军队层层围困在宁都,拼到弹尽粮绝也未能打退敌人,最后决定分三路突围。刘启耀在突围时身受枪伤,晕倒在战场。等半夜苏醒过来时,他发现战友已经转移,便爬到树林里过了数月的穴居生活;一边养伤,一边以野果充饥,伤好后隐姓埋名在遂川打工,与党组织重新取得联系。

全面抗战爆发后,国民党名义上与共产党合作,实际上时时提防共产党。刘启耀在吉安地区发展党员,开展对敌斗争,被国民党抓进监狱三次，虽然最后得以成功脱险，但与组织上失去了联系。长期的高强度工作和狱中的折磨损害了他的身体，刘启耀贫病交加，1946年不幸病逝。

　　刘启耀一生对党忠诚、廉洁奉公，由于当时苏区经济条件较差，刘启耀带头节省办公费和办公用品，以便用于军费。1934年5月起，刘启耀更是自带干粮办公，带头为组织减轻负担。1935年突围受伤后，刘启耀一时间找不到组织，便带着事先藏好的一兜金银首饰（党费），以乞讨的方式在江西寻找党组织，未动一分钱党费。后来，这批党费顺利交给了新四军。这种自律作风，若没有对共产主义的坚定信仰和对组织的无限忠诚，是难以做到的。

32 吴焕先：为革命身先士卒

在甘肃省平凉市泾川县王村镇四坡村有一个爱国主义教育基地，它就是吴焕先烈士纪念馆。说起吴焕先，就不得不提起毛泽东同志对他的评价："红二十五军远征为中国革命立了大功，吴焕先功不可没！"吴焕先，鄂豫皖、鄂豫陕革命根据地的创建者，红二十五军的缔造者和主要领导者，中国工农红军在长征途中牺牲的级别最高的将领之一，被誉为红二十五军的"军魂"。

吴焕先

吴焕先，1907年出生于湖北省黄安县四角曹门村（今河南省新县箭厂河乡竹林村）。1923年，吴焕先在麻城蚕业学校接受了马列主义教育。此后他积极参加反对帝国主义侵略和北洋军阀反动统治的游行示威、街头宣传和张贴革命标语等活动，进一步接受了马克思列宁主义和中国共产党的政策、主张，立志投身革命。1925年，吴焕先加入了中国共产党，更加坚定了对马克思列宁主义的信仰。此后，吴焕先把自家的土地卖出以筹集资金积极发展农民队伍，不断壮大革命武装，逐渐发展成为黄麻起义的骨干力量。他经历了黄麻起义，创建了鄂豫边革命根据地，成为鄂东北游击总司令。在第四次反"围剿"失败后，面对力量分散的革命形势，吴焕先开始重新组建红二十五军。

  1934年11月，独树镇战役爆发。面对敌人的重重包围，吴焕先左手抡刀，右手挥枪，喊道："同志们，现在是生死存亡的关头！前进则活，后退则亡，我们决不能退！""共产党员跟我来！"带头冲向敌阵。在吴焕先同志的鼓舞下，红军战士们一鼓作气，最终摆脱了敌人的围追堵截。1935年8月中旬，当红二十五军长征到达甘肃平凉时，遭到国民党军队的战略威胁。在前有堵截、后有追兵的危难形势下，吴焕先决定徒步涉水南渡汭河。8月21日，由于连日大雨，河水猛涨，部队过河速度很慢。红军刚刚渡过一半，从泾川城出动的国民党军队便趁机向红军后卫部队发起突袭。半渡受击，情况危急！正在河边组织渡河的吴焕先听到枪声，立即率领身边交通队和学兵连等非战斗部队的100余人一口气奔上四坡村塬顶，迅速占领制高点，向敌人发起反击。敌人顿时乱了阵脚，仓皇回撤。不幸的是，吴焕先被子弹击中胸部，倒了下去，壮烈牺牲。

 ★忠诚篇★

在多次极为险恶的战斗中,吴焕先都不顾个人安危,身先士卒,冲锋在前,使部队一次次化险为夷,转危为安。在他短暂的一生里,始终对党赤胆忠心,实在担当得起"军魂"二字。

33 蔡会文：地主家庭出身的优秀党员

我党早期涌现出来的卓越干部，大多出身于贫农或小知识分子家庭，地主子弟参与革命者较少，但其中依然不乏严守党纪、无私奉献的优秀人物，比如著名的军政全才蔡会文。

蔡会文，1908年出生于湖南攸县一个地主家庭，父亲经营有方，家资颇丰，但蔡会文从小就爱读农民起义的故事，从而萌生了朴素的民主观念。在读中学时，他就利用假期在老家宣传革命，甚至把自己家里的谷米送给贫苦农民，又动员其他土豪大户开仓济贫。18岁时正式加入中国共产党。

大革命失败后，蔡会文奉命来到武汉加入卢德铭的"国府警卫团"（其兄长蔡忠也在此时加入共产党），后来跟随该团参加了毛泽东领导的秋收起义。起义军在攻打长沙的过程中受挫，不得不向南部山区转移，蔡会文身先士卒，在宁冈战役里立下头功，让部队得以顺利来到井冈山扎根。后来红四军在井冈山突围，往东开拓赣南闽西根据地（后来的中央苏区），22岁的蔡会文和红军名将黄公略搭班子领导红三军，在反"围剿"斗

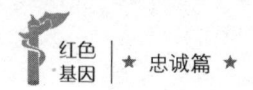

争中表现出色，活捉了国民党中将张辉瓒。

1932年10月，蔡会文奉命来到湘赣苏区和萧克领导红八军，两人将部队人员迅速扩充一倍，还建立了地方武装。1934年秋，受"左"的错误路线影响，第五次反"围剿"失败，中央红军主力开始长征，蔡会文和陈毅、项英、贺昌等人留守江西。由于受到敌人的包围，中央苏区的留守部队开始分头突围。1935年4月，蔡会文的赣南军区部队在江西安远仁凤山（今盘古山）经过艰苦战斗，终于跳出敌人包围圈，继续在湘粤赣交界的山区开辟根据地，短短数月便颇有规模，军民关系亲密无间。后来国民党广东军阀包围了根据地，将百姓与红军部队隔离，红军顿时陷入粮荒，只能以野菜野草为食，有时甚至饿着肚子打仗。由于敌我力量悬殊，加上部队出了叛徒，蔡会文的游击队在1936年初被打散，他在转移过程中为了掩护战友，受伤被俘。由于蔡会文不仅不投降，还对国民党一顿痛斥，敌人竟然直接刺死了他。蔡会文牺牲时，年仅28岁。

以蔡会文的家庭背景，原可以借助父辈资源铺路，过上一辈子衣食无忧的富贵生活，但他始终胸怀国事，心系苍生，自幼便有"为穷人打天下"的革命理想主义情操，中学时期便成为党员。为了实现理想，他忠于组织，不避艰险。井冈山根据地时期，蔡会文在红四军教导队培训军队基层干部。当时生活条件艰苦异常，多数时间只能靠打土豪筹集粮食，甚至挖野菜充饥。蔡会文每天以石头研磨谷子做饭，冬天以稻草为被褥，若天寒难忍，他便率领学员爬山跑步。1931年中共六届四中全会后,王明"左"倾冒险主义笼罩全党,不仅毛泽东被撤销红一方面军总政委职务,蔡会文也受到牵连,被调离部队来到中央党校进修。但他只是尽力抵制"左"的错误路线,从未对组织有过任何的不满和抱怨。红军主力长征后,蔡会文部一度只剩不到百人,但他治军有方,不断扩大队伍,成功在困境中开拓出桂东县一带的根据地。可以说,如果没有对组织纪律的坚决服从,没有对理想的忠诚信仰,是难以做到的。

34 孙玉清：
西路军杰出将领

习近平总书记强调，我心里一直牵挂西路军历史和牺牲的将士，他们作出的重大的不可替代、不可磨灭的贡献，永载史册。在西路军短短数月的征程中，涌现出无数的英雄。其中有一名军长曾因受伤而被西北"马家军"抓捕，但无论敌人如何软硬兼施，他誓死不降。黔驴技穷的敌人竟然两次押着他去见他的夫人（之前被俘），企图以夫妻感情软化他，但他坚定地告诉妻子："不要投降，不要害怕。"妻子眼神坚定地点了点头。最终，这位将领英勇牺牲。他就是孙玉清。

孙玉清1909年出生于著名的将军县——湖北黄安（今红安县），幼时家境清贫，父母双亡，孙玉清不得不在读了几年私塾后辍学去粮店当学徒，受尽打压和歧视。1927年冬，在孙玉清的老家，中共湖北省委领导了著名的黄麻起义（这次起义是大别山革命的序曲，为创建鄂豫皖根据地打下基础），组建工农革命军第七军，孙玉清受到感召，加入农会，为党探听情报，参与打土豪分田地。1929年，他参加了中国工农红军，并于同年加入中国共产党。

鄂豫皖苏区靠近国民党老巢,因此也是国民党重兵"围剿"的地区,孙玉清在历次反"围剿"(如二次攻打黄安战役)以及西征过程中的一系列战役(如枣阳新集战役、反六路围攻战)中,不畏枪林弹雨,屡建奇功,帮助红四方面军成功创建川陕根据地。1933年,孙玉清多次打出以少胜多的歼灭战,全团获得"以一敌百"的奖旗。次年,25岁的孙玉清被提拔为新改编的红三十一军军长。

1936年深秋,红军三大主力在甘肃会宁会师,长征胜利结束。中共中央考虑到根据地建设的需要,决定打通国际线路,便于从苏联获得军事援助。随后中央军委组建西路军,时任红九军军长的孙玉清10月底率部渡过黄河,顺利突破马步芳部队的防线,打了敌人一个措手不及。但是在随后的古浪战役中,红九军拼尽全力,与敌人展开巷战,最终弹尽粮绝,未能阻挡敌人攻势,只能寻机突围,孙玉清身负重伤。在酒泉附近,受伤的孙玉清不幸被偷袭的敌人抓住,押送到西宁。

由于孙玉清是难得的军事人才,马步芳急欲劝降,但他也知道孙玉清是个硬骨头,遂表现出"礼贤下士"的姿态,带领军政要员"宴请"孙玉清,还让参谋陪他散步、聊天,送他去医院治疗,但孙玉清丝毫不为所动,在宴席上不动筷子,不发一言。敌人一计不成,又生一计,押他去探望妻子岳兰芳和其他被俘将士,以图软化他,孙玉清依然不为所动,反而动员其他服苦役的战士一定要坚信根据地会越来越大,胜利终将到来,

 ★忠诚篇★

不可背叛党的培养和期望,要坚持斗争。最终马步芳无计可施,在"请示"了蒋介石以后,将孙玉清残忍杀害,并割下他的头向蒋介石请赏。

孙玉清的一生,对革命理想矢志不渝,对党的事业尽心竭力,尤其在面对敌人时表现出的气节,足以让后人敬仰。孙玉清不仅善战,也是出色的政工干部,有觉悟有口才。他治军首先要求自己以身作则,对党一片赤心,打仗冲锋在前,这样才能起到示范作用。同时他意识到,做政治工作关键是"使官兵自觉地信仰共产主义",只有信仰坚定了,打仗才能无所畏惧。他告诉战士们,革命必须要有献身精神,"怕死就别当红军"。

35 黄立贵：
晒溪桥下埋忠骨

在福建武夷山列宁公园里有座闽北烈士纪念亭，里面长眠着六位在闽南革命中英勇牺牲的烈士，其中有一位被人称为"黄老虎"的人物，他就是红军虎将黄立贵。

黄立贵，1905年出生于江西横峰（一说福建浦城），出身贫苦，读过几年私塾，年轻时靠在地主家挑担推车做长工为生。1925年参加了农民协会，开始从事革命活动。1927年12月参加了方志敏领导的江西弋横起义，不久就加入中国共产党。1928年参加中国工农红军，参与了创建赣东北革命根据地和反"围剿"作战，其间两次受组织安排进入信江军政学校学习。1934年10月，中央红军主力长征后，黄立贵率部在闽北苏区坚持游击斗争。在与上级组织失去联系的情况下，率领闽北红军与国民党军数十倍于己的兵力英勇作战，开辟了建松政革命根据地。1936年6月中共闽赣省委成立后任常委，8月兼任中共闽中特委书记、闽中军分区司令员。

说起黄立贵，就不得不提他的妻子李冬娥。李冬娥非常贤

★ 忠诚篇 ★

惠,两人新婚不久,黄立贵便接到上级命令,派遣他重建闽北独立团和发展壮大闽北根据地。当时的李冬娥在条件较好的赣东根据地,为了减轻丈夫对自己的担忧,她主动要求党组织将她调到条件艰苦的闽北根据地。来到闽北后,她积极工作,在行军途中关心伤员,什么事都抢着做,起到了很好的表率作用。1936年年初,李冬娥在建阳县竹鸡笼一带扩军时被敌军包围,英勇牺牲。黄立贵听到妻子牺牲的消息悲痛欲绝,更加坚定了投身革命、与敌人血战到底的决心。

西安事变后,丧心病狂的国民党顽固派在蒋介石的授意下调集国民党两个师的兵力对闽北红军独立师进行大范围的"清剿"行动。1937年6月,黄立贵接到黄道书记的命令,前往省委驻地母猪岗商议建立抗日民族统一战线的工作。黄立贵带着三十多个人前往驻地,但是让人没想到的是这一去,黄立贵再也没能回来。他们在途中先是遇到谢坊联防队,又在南溪密溪口遭到敌人的埋伏,黄立贵等人在摆脱追兵后,辗转多地到达了宝塔山对岸。这里河面宽阔,但是水流却十分缓慢,众人一字排开,到达河对岸。宝塔山下有一处人迹罕至的小山村,这里群山环抱,一个小小的山垄上只有几户人家。这里离邵武城有十几里,附近的梧桐际村又有老关系户。奔波了好几天,又遭遇敌人的伏击,黄立贵一众人又累又饿,吃了点东西后战士们便躺下睡了。但危险也降临了。

国民党曾发通缉公告称悬赏五千大洋要黄立贵的项上人头,泉水窠村伪甲长杨玉发在黄立贵等人涉河时便发现了他们,一直跟踪到梧桐际村，看到他们正在休息，计上心头，立即跑到城里跟国民党通风报信。巧合的是杨玉发到离梧桐际村仅三四里的故县村时，恰巧遇到巡逻的敌七十六师所属的400余人。在杨玉发的带领下，敌人分路包抄，迅速合围了梧桐际村，准备对毫无防备的红军战士痛下杀手。

疲惫的红军哨兵被摸上山的敌人悄悄杀害，当暗哨发现敌人鸣枪报警时为时已晚，敌人已经将梧桐际围了个水泄不通。黄立贵扑向门外，大喊道："掩护老乡突围！"被喊声和枪声惊醒的战士们仓促应战，利用窗户、台阶等御敌。敌人叫嚣着，步步逼近。黄立贵等人拼死搏杀，中午时分，终因寡不敌众，除3名战士掩护群众冲出重围外，其余十余人全部英勇牺牲。敌人确认牺牲的是黄立贵后欣喜若狂，丧心病狂的敌人将黄立贵的头颅割下，用土簸箕装着送往邵武县城敌军旅部报功请赏。

李冬娥长眠竹鸡笼，黄立贵血洒梧桐际。这对革命夫妻以饱满的热情和赤胆忠心投身于党的革命事业，用自己的鲜血和生命换来了人们今天的幸福生活。

36 赵鲁玉：
为追求理想与兄长决裂

赵鲁玉是中国共产党建立初期在山东涌现出的杰出女性党员，也是青岛地区妇女运动领袖。她 1901 年出生于山东益都（今山东青州）一个普通农民家庭，其兄赵太侔是民国时期著名的教育家和戏剧家，曾经两度出任国立山东大学校长。早在 1907 年于烟台教会学校念书时，赵太侔已加入同盟会，此后多年从事反帝反封建活动。赵鲁玉幼时受胞兄影响，向往革命。赵鲁玉在济南当护士时期，通过赵太侔的介绍，结识了山东地区的早期中共党员如邓恩铭、王翔千等。当时邓、王等人正在筹建济南共产主义小组，赵鲁玉从他们那里得到很多进步书刊，思想逐渐进步。

1922 年华盛顿会议后，日本被迫归还青岛的主权给中国。1923 年，赵鲁玉来到青岛参加革命活动，并于次年光荣加入中国共产党，是青岛第一个入党的女性。1924 年年底，赵鲁玉成功领导了胶澳电话局罢工，并成立女子工会（当时叫女子进德会，是青岛首个女性工会团体），迫使资方同意工人提升工资和年终赏金的要求。共青团青岛地委成立后，赵鲁玉负责文教及妇女委员会工作，向工人宣传革命知识，并多次领导工人罢工和抵制日货运动。不过工人运动随后遭到镇压，陷入低潮，赵鲁玉奉邓恩铭之命赶赴济南，继续从事妇女运动，风声过后又回到青岛从事工人运动，并将党组织进一步发展壮大。

1927年，赵鲁玉与战友赵豫章（同为共产党员）相恋结婚。同其他革命夫妻一样，两人工作繁忙，分工不同，且要注意保密，所以不得不过着分离的生活，尤其在国民党背叛大革命后，情况更为艰难。当时上级难以发放经费，夫妻俩时常断粮，平时打工或者做点小生意赚的几块大洋也大多用来印发革命传单。为贴补家用，赵鲁玉不得不以缝制衣服为生，暗中进行革命工作。这一时期，赵太侔已是国民党在山东教育界的"大员"，他偶然得知妹妹在从事革命活动后，曾多次写信劝告赵鲁玉脱离共产党，并承诺"照顾"妹妹的生活和工作，赵鲁玉坚决不放弃革命理想，遂与政见不合的兄长断绝来往。

1929年后，由于党内出了叛徒，山东地区不少共产党员被国民党抓捕或杀害，其余的党员被迫分散转移，赵鲁玉夫妇自此前往东北地区，漂泊无依，与组织失去了联系。由于常年陷于饥饿疲困的状态，赵鲁玉患上肺病，无钱治疗，不幸于1937年在哈尔滨逝世。

赵鲁玉入党以后，便以饱满的热情投入党的事业。由于军阀张宗昌疯狂镇压山东的革命活动，赵鲁玉曾经在济南和青岛两次入狱，但她受尽酷刑而不屈服，始终不承认自己的党员身

 忠诚篇

份。赵鲁玉幼时缠足,不便于长时间走路,而且因为保密需要,经常昼伏夜出,时常在济南、青岛两地来回奔走,但她每次都坚决完成党交给的任务。赵鲁玉从事革命以来,一直过着清贫的生活,如放弃信仰,投奔在国民党内担任高官的兄长,她的生活水平肯定能大大提升,但她始终对组织赤胆忠心,不以为苦,无怨无悔,体现了一位优秀共产党员为党为国的赤诚情怀。

37 徐海东："对中国革命有大功的人"

在土地革命时期，我军有一位能征善战的将领，因为长期奋战在一线，身受多处重伤，在1940年后长期处于休养状态。但是到1955年授衔时，毛泽东认为他是"对中国革命有大功的人"，提议授予他大将军衔。这位将领就是红十五军团的军团长徐海东。

徐海东，1900年出生于湖北大悟，幼时家境清贫，无钱读书，13岁便进窑厂做学徒，后成为烧炭工人。1925年在朋友（中共党员）的动员下，他在武汉加入中国共产党并参军北伐。国民党叛变大革命后，徐海东毫无畏惧，带着七条枪参加了黄麻起义。由于徐海东作战勇猛，在鄂东声名响亮，国民党恼羞成怒抄了他的老家，陆续杀害了徐氏家族60余口人。在白色恐怖笼罩下，当地姓徐的人一度不敢对外称自己姓徐。

徐海东强忍悲痛，在鄂豫皖地区坚持战斗，多次负伤，到1932年10月升任红四方面军二十七师师长。此时面对国民党的残酷"围剿"，红四方面军进行战略转移，主力一部成功西迁，创建川陕苏区，而留下的红二十五军2000余人在大别山一带打游击，牵制国民党兵力，策应主力红军长征。时任副军长的徐海东指挥有方，多次打败敌人，红二十五军在1935年9月孤军北上，最早到达陕北苏区，完成了"小长征"，兵员比出发时扩充近一倍。红二十五军随后与刘志丹的部队合组为红十五军团，徐海东任军团长，继续与国民党作战，同时等待中央红军北上。

1935年10月，中央红军到了陕北，正在与国民党作战的徐海东当即从百里外的前线骑马赶回。中央红军一路长征，历尽艰辛，此时仅剩三四千人，缺衣少粮，疲惫不堪。毛泽东派人拿着借条去见徐海东，带着试探的口气询问能否借给中央2000大洋。徐海东的部队此时还有7000大洋"家底"，他非常爽快地把5000大洋送给中央红军，还送出大量衣物、药品和枪支，毛泽东大为感动。

徐海东本属于鄂豫皖苏区，与来自中央苏区的毛泽东素无渊源，但徐海东在关键时刻，政治立场坚定，遵守"党指挥枪"的纪律，坚决拥护中共中央的权威，维护了党内团结。同时徐海东也一再对张国焘好言相劝，建议其服从中央，尽早北上与大军会合。不久，红十五军团与中央红军配合，取得了直罗镇大捷，巩固了陕北根据地。

全面抗战爆发后，徐海东担任一一五师三四四旅旅长，但因之前长期在战场拼杀，徐海东此时伤病频发，肺病严重，1940年开始大口吐血。毛泽东听闻后非常关心，告诉徐海东

"静心养病,天塌不管",此后徐海东不得不退出一线,疗养身体。但是徐海东对中央红军的雪中送炭,以及他的光辉业绩,足以让他彪炳史册。

38 冯白驹：
让红旗飘扬在海南

革命战争时期，中国共产党曾经在全国各地广泛建立红色根据地，但是因为"左"倾错误路线的影响，大量根据地丢失，仅余陕北和琼崖两个根据地。陕北根据地因为迎来了三大红军主力，成为中共中央所在地和大后方的核心；而远在海南的琼崖根据地在缺乏武器弹药和无人支援的不利环境中，在冯白驹的率领下，坚持抗敌23年，直至1950年海南解放。在此期间，冯白驹和琼崖根据地的将士经历了常人难以想象的困难，若没有坚强的意志和对党的无限忠诚，很难造就这一奇迹。

冯白驹，1903年出生于广东琼山（今海口市琼山区），1925年，进入上海大夏大学预科班就读。在此期间，他与上海大学等高校的进步学生过从甚密，有机会阅读了《新青年》《向导》之类的进步刊物。后因家境窘迫，冯白驹中断学业，回乡参与农民运动，并在1926年9月光荣加入中国共产党。

国共合作破裂后，海南方面的反动势力也对共产党大开杀戒，有些共产党员叛变或脱党，冯白驹始终没有对革命前途失去

冯白驹塑像

信心，他费尽周折重新与组织取得联系，并担任琼山县委书记，组织当地农民武装抗击反动势力。后因国民党强力"围剿"，起义陷入低潮，冯白驹的亲属中有10余人被国民党杀害，他的妻子也被迫改嫁。

1929年海南特委被国民党破坏，冯白驹临危受命，担任新成立的特委书记，重新与中共中央取得联系，在海南专心发展根据地和进行土改工作。1932年，敌人再度进攻琼崖苏区，冯白驹的部队当时只剩下26人。

1937年全面抗战爆发后，冯白驹把仅剩60余人的琼崖游击队改编为独立队。1939年日军进犯海南，国民党的部队一溃千里，而琼崖独立队则坚持抵抗。至抗战胜利，琼崖独立队歼敌

 ★ 忠诚篇 ★

5800余人，缴获大量日军装备。后来，国民党在解放战争中节节败退，把海南当成最后的据点和大本营，企图构筑防线。冯白驹的部队（1947年改编为解放军琼崖纵队）奋勇抵抗，1950年成功迎接中国人民解放军第四野战军解放海南。

　　冯白驹的家庭在他参加革命活动后给予坚定的支持。他的父亲虽然不是党员，但曾经参加过反清运动，同情革命；母亲也赞成冯白驹为党革命，还曾多次掩护革命同志。海南山区大部分时间气候湿热，毒蛇、水蛭扰人，最困难的时候，冯白驹和战友们一度过着野人一样的生活，但从未想过逃跑、叛变。正是这种忠贞为党为人民的奉献精神，创造了琼崖奇迹。

39 | 宣侠父：我党出色的兵运干将

兵运工作是革命战争时期武装起义之外必不可少的斗争手段。负责这项工作的人员时常根据工作需要辗转各地各部队，所处环境之凶险难以想象，只有具备极强的心理素质和坚定的斗志，才能完成党组织交付的任务。宣侠父从事兵运和情报工作十多年，在中央军、西北军、桂系和粤军各派中艰难周旋，无时无刻不面临入狱甚至死亡危险：早年在梁冠英部队做兵运时期，他就被冯玉祥抓进监狱；在加入察哈尔抗日同盟军与日伪作战时，他差点牺牲，后来虽然突围成功，又染上严重的伤寒和胃病，其间怀孕的妻子也被国民党抓进监狱；在特科工作期间，他多次被人盯梢，不得不频繁搬家。尽管如此，宣侠父的革命意志从未动摇。在两广期间，宣侠父在繁忙的统战工作之余，还把谢和赓（地下党员）安排在桂系军阀内部，为组织搜寻情报；全面抗战爆发后，宣侠父在各地从事协调工作，趁机为八路军部队搞到了两车皮的汽油，改善了八路军的运输能力。可以说，宣侠父对党组织命令的坚决服从，对理想的不懈

追求，贯穿了他革命的一生，他无愧于一个忠诚的共产党员的称号。

宣侠父是浙江诸暨人，自幼读书刻苦，1920年留学日本。日本是亚洲地区引进马列主义的中转站，翻译出版了大量左翼著作。宣侠父在这里受到了马列主义的熏陶。回到老家后，他一边教书，一边投身革命洪流，1923年加入中国共产党。1924年，第一次国共合作后，宣侠父远赴广州考入黄埔军校一期。当时孙中山还在世，蒋介石等人还不敢太嚣张，但目光如炬的宣侠父已经看出蒋介石要操控军校的野心，暗讽其为"新军阀"。后来因为选举军校内国民党小组长的程序问题，宣侠父对蒋介石的违规操作提出公开质疑，蒋介石大发雷霆，令其悔过，宣侠父当即拒绝，并退出黄埔军校。

1924年秋，冯玉祥控制了北京政府，把部队改编为国民军，立场开始"左"倾。党中央派宣侠父去冯玉祥的部队讲授近代中国受侵略的历史，争取以爱国主义和革命观念荡除部队的旧军阀作风。梁冠英和吉鸿昌就是在宣侠父的影响下开始接触共产主义思想的，宣侠父也是吉鸿昌的入党介绍人。

大革命失败后，冯玉祥投靠国民党，把部队内的共产党员驱逐殆尽。宣侠父在中央的安排下回到诸暨老家，领导农民发动减租减息运动。后来农运的兴旺引起国民党的警觉，为安全起见，宣侠父应邀来到梁冠英的二十五路军做参议。他在二十五路军建立党支部，大力宣传抗日反蒋思想，号召大家停止内战。但由于梁冠英参与了蒋介石对红军的第四次"围剿"，宣侠父当即与之翻脸。

西安事变后,宣侠父来到西安。当时国共计划二次合作,不少国民党军官都想把宣侠父拉入自己麾下。但宣侠父始终未忘记自己的共产党员身份,他明确表示,共产党愿意和一切抗战的组织合作,如果蒋介石想获得群众支持,就要坚持团结,拿出抗战的成绩单来。宣侠父在西安统战工作出色:不仅冯玉祥部队的很多军官支持联共抗日,陕西地区的爱国青年、官绅商学界名流也广泛参与救亡,连外地学生也纷纷投奔延安,有的还加入了共产党。七七事变后,宣侠父担任八路军高级参议,继续协调共产党与国民党军队的合作。

蒋介石对宣侠父可谓又爱又恨,他知道宣侠父是个顶尖的军事、情报和宣传人才,但又是个坚定的共产党员。无论蒋介石如何拉拢,宣侠父都拒绝为其效力。更让蒋不安的是,宣侠父在各地国民党军队的统战工作卓有成效,甚至连自己的亲信胡宗南也对其大为钦佩。由于宣侠父名声太大,蒋介石找不到借口直接将其逮捕,最终指使军统特务在1938年7月将他暗杀。

40 黄道："忠实党的利益"

方志敏同志作为红军的杰出军事家，已为大众所熟知，他在赣东北地区成功开拓根据地，创建红军，有赖于一个重要的战友——黄道的大力支持。

黄道，1900年出生于江西横峰。在南昌二中求学时期，他就关心国事，创建文化社团，出版杂志。1923年，成绩优异的黄道同时被北大、清华、北京高等师范录取，考虑到家里的经济状况，他选择进入公费的北京高等师范就读。这所学校有左翼文化传统，五四运动时期，学生便在李大钊、蔡元培的支持下设立平民教育社等一系列进步社团，李大钊也曾在该校讲授过马克思主义，让黄道深受启发。黄道当时担任北京师范大学（1923年后北京高等师范改名北京师范大学）学联代表，在学运中结识了陈毅，两人先后入党，领导了诸多北方地区的革命运动。三一八惨案后，黄道被段祺瑞政府通缉，不久，国共合作北伐，黄道遂回江西老家组织农民运动，迎接北伐军入赣，由书生转变为职业革命家。

1927年8月,黄道参加了南昌起义,后来起义部队分头行动。1927年年底,黄道与邵式平、方志敏等人发动了弋(阳)横(峰)起义,开辟了赣东北革命根据地。起义红军组建为工农红军独立第一团,1930年,独立团扩编为红十军。同时,黄道在当地领导土地改革,深得民心。

第五次反"围剿"失败后,中央苏区红军主力开始向西转移,赣东北地区的方志敏等人率领抗日先遣队北上,黄道则坚守根据地进行游击战争,与敌人艰苦周旋了三年。全面抗战爆发后,黄道和战友们把南方八省的游击队改编为新四军,并担任新四军驻南昌办事处主任。这一时期,黄道的工作主要集中在巩固统一战线,他动员青年参与抗日,向社会各界募集军费。仅仅一年的时间,他已经往延安输送了一千多名青年学生。

1938年10月武汉会战失败后,抗战进入相持阶段,蒋介石逐渐丧失了抵抗外侮的决心,而敌后抗日根据地的壮大,以及大批知识青年奔赴革命圣地延安,更让蒋介石感到恐慌。不久黄道就被国民党特务盯上了,他的办公地点周围布满了特务假扮的"商贩""车夫""邮差"。1939年4月,黄道由于疼痛难忍,不得不在河口镇求医疗养。同年5月,特务买通了医生,给他注射毒药,黄道不幸牺牲,年仅39岁。

黄道在革命生涯里,多次承担"救急"任务,"只身亡命是家常",他总是克服一切困难,尽力圆满完成组织的重托,体现了一名优秀共产党员对组织和信仰的一片赤诚。1929年后,赣东北特区经常受到国民党军队的骚扰和"围剿",黄道面临

的压力很大。尤其1930年左右是李立三"左"倾冒险路线横行党内时期，红十军奉命强攻九江（方志敏反对冒险，被剥夺领导权），没有达到战略目的，反而让闽北地区受到极大威胁。黄道临危受命，担任闽北特委书记，成立独立团，经过艰苦作战，打退了国民党的包围，使闽北根据地的面积扩大了不少，独立团也扩大为独立师，可谓将"死棋下活"的典范。红军主力长征后，留守闽北的红军面临十万国民党大军的围剿，形势一度非常紧张，黄道毫无惧意，审时度势地安排部队分批撤离苏区，利用武夷山周边地形开展游击战。经过苦心经营，黄道将闽北根据地与叶飞的闽东根据地合组为闽赣省，扩大了游击区。黄道为理想和党的事业奉献了自己的一切。在他牺牲后，中共中央东南局发出通知，号召大家学习黄道"一贯忠实党的利益的布尔什维克作风"。

41 抗联八烈士：
视死如归的巾帼英烈

九一八事变后，在中国共产党领导下，东北抗日联军成立。抗联人数最多的时候一度近3万，共编成3个军，坚持在恶劣的环境下抗击敌人。1938年后，因为环境恶劣，装备不足，抗联受到日军以及伪军的残酷镇压。侵略者采取焦土政策，导致抗联游击区不断缩小，逐渐往北转移到中苏边境一带。但是很多抗联将士不畏艰险，坚持抗争到底，涌现出"八女投江"等许多可歌可泣的英雄事迹。

1938年4月，中共吉东省委（1942年撤销）下辖的抗联第二路军（总指挥是著名的抗联将领周保中）被5万多日寇围困在三江平原地区。为摆脱困境，他们准备从牡丹江向吉林舒兰地区突围，开辟新的根据地。最初，第二路军战术灵活，打了敌人一个措手不及，消灭了不少日伪军，缴获了一些武器弹药和粮食衣物，战绩颇为耀眼。恼羞成怒的日伪军很快调集兵力对其"围剿"，第二路军伤亡严重。下属的第四军军长、副军长先后牺牲，部队被冲散。第五军的一师和二师也被日伪军

★ 忠诚篇 ★

冲散，其中第一师为摆脱敌军，被迫进入森林行军，利用树木作掩护，百余名战士缺衣少粮，只能以采摘野菜野果勉强维持，在10月间被日军包围在乌斯浑河一带。

第一师计划强渡乌斯浑河突围，有部分战士成功游到对岸，但此时敌人发现了我军的行踪，立刻追到河边，本欲渡河的一师战士只得躲避追兵，撤回山林。在千钧一发之际，为了吸引敌人兵力，第一师附属妇女团的8名女战士当即向敌人射击，将敌人的火力牵制在自己这边，趁机掩护大部队突围上山。

敌军面对妇女团的射击，无法上山追赶，随即转头攻击妇女团。妇女团在冷云的率领下沉着应战，但是敌人从四面八方围过来，妇女团数人受伤，行动不便，而且背后就是乌斯浑河，没有退路。战士们将最后的手榴弹扔向敌军，相继跳河牺牲，最小的女战士年仅13岁。

东北抗联是在缺乏给养、常年行军打游击战的状态下坚持对敌斗争的，多数时间要面对零下数十摄氏度的低温，加上日军大搞撤村并屯，又切断了东北民众和抗联将士的联系，战士们很难建立根据地，大部分时间只能以野果为食，以融雪解渴，艰苦程度可想而知。而女军人能坚持抗争，尤其难能可贵。冷云牺牲时，孩子尚在襁褓中，她以病弱之躯随军战斗，指挥突围，体现了一位女性共产主义战士的坚韧意志和忠诚品格。

让我们记住八位女烈士的名字吧：冷云、李凤善、胡秀芝、郭桂琴、黄桂清、王惠民、杨贵珍、安顺福。

42 董天知："英气横贯比干岭，壮士常存鸭绿江"

董天知，1911年出生于河南荥阳老城南街，自幼聪明好学，追求进步。1926年在荥阳县立初中读书时，北伐军兴起，学生运动蓬勃兴起，他积极参加进步思想的宣传活动。他在初中二年级时，即考入开封河南省立第一师范学校。后因参加学生运动被学校开除，并被警方通缉。1929年在北平（今北京）读书期间，加入共产主义青年团。1930年夏，他正式成为中国共产党党员，积极参加革命活动。

1931年夏，中共北平党组织被破坏，董天知被捕，被判刑5年，关押在北平反省院监狱（草岚子胡同）。在狱中他积极参加党支部组织的活动，负责共青团工作。他和狱友为反对非人待遇，开展绝食斗争。他虽有病卧床，但仍坚决执行党的决议，粒米不进，斗争胜利时，他已奄奄一息。1935年春，敌人决定把薄一波、董天知等12名同志处死，暂换监房严管。党支部开会时，他和大家一起庄严表示："无数先烈在我们前头英勇牺牲，我们绝不玷污先烈荣誉，坚持同敌人斗争到底，为共产

主义献出生命。"6月,由于形势发生变化,他们才幸免于难。1936年9月14日,党组织营救他们出狱,他和薄一波等一起组成党的统战工作先遣队被派往山西太原开展抗日救亡工作。

1938年年初,正值日军进攻临汾的紧急时刻,董天知得知此消息,立即率领决死队进入浮山地区进行抗日游击战争,沉重地打击了日本侵略者的嚣张气焰。后来日本人对董天知产生畏惧之心,扬言:"谁能抓住董天知,赏两万大洋。"但终未如愿,董天知当时成为"身价最高的政委"。1938年2月,山西新军相继成立了决死三、四纵队,与之前成立的决死一、二纵队一道,被正式授予部队番号——国民革命军独立第一、二、三、四旅,统称决死纵队。董天知任山西抗敌决死第三纵队政治部主任。在短短的6个月的时间内,决死第三纵队以强大的战斗力横扫战场,击溃敌军3万余人,消灭敌人2000余人,战果累累。随着影响力的扩大,决死第三纵队人员不断壮大,在几个月内就达到了6000多人。到1939年夏天,山西新军已经发展为50多个团的大规模革命力量,约7万人,超过了当时国民党晋绥军的总人数。董天知才智过人,作风深入细致,深受群众爱戴。他通过大量艰辛的政治、思想工作,把新军建设成了一支听党指挥、服务于人民的强大军队。

1940年8月20日,董天知奉命率第三纵队参加对日军发动的百团大战,具体任务就是破坏日军据点,切断白晋线南段交通,配合八路军开展战斗,彻底粉碎日军的增援计划。当日凌晨,第三纵队驻扎的西石坪岭打起了照明弹,这是出现敌情的信号，董天知获悉日军已将队伍包围。在危急时刻，他立即决定去阻击敌人，于是带一个警卫排掩护大部队突围。这时周围枪声四起，董天知带领两个班的兵力夺取了有利地形，并把敌人的主要火力吸引过来。他在敌人猛烈炮火之下镇静指挥，警卫战士们英勇顽强地与日军血战，在4个小时的战斗中打退了敌人一次又一次冲锋，击毙敌军近百人，掩护大部队顺利突围。不幸的是在最后突围的时候，他的左臂中弹，但他仍坚持指挥。在与敌人拼杀的时候，他头部和胸部又连中三弹，倒在了血泊中，壮烈殉国，年仅29岁。

董天知牺牲后，山西牺牲救国同盟会在悼词中称他"是最优秀的牺盟领导者，是最优秀的青年模范，是最优秀的青年军事干部"。时任中共中央北方局书记的杨尚昆同志题写挽联："英气横贯比干岭，壮士常存鸭绿江。"

43 陈康容：
积极投身抗日救亡运动的归国华侨

中国的抗日战争是全民族的战争，除了广大将士和人民群众的勠力抗敌，海外华侨也发挥了重要作用，他们有的捐款捐物，有的提供情报，有的回国直接参加战斗，无所畏惧。陈康容便是其中的一位杰出典型。

陈康容是出生于缅甸的福建华侨，父亲是老同盟会员，曾经在孙中山手下工作，后来去缅甸谋生。陈康

陈康容

容15岁时随父亲回乡探亲，决定留在中国求学。后来考入集美中学，却因参加学生运动，招来国民党的监视，她不得不返回仰光以教书为生。1937年，陈康容回国考入厦门大学中文系，在学校参加中共地下党领导的学生运动，不久加入中国共产党。

全面抗战爆发后，陈康容离开厦门大学，领导妇女运动，从事军事后援工作。陈康容以文笔见长，在各类报刊上发表了

大量的诗歌和散文,号召大家勿做日寇奴隶,群起反攻。

后来厦门不幸被日寇占据,陈康容前往闽西特委所在地——龙岩参加抗日救亡训练班,之后留在那里工作。不久,新四军第二支队组成先遣支队,在粟裕的带领下北上苏皖地区进行抗日活动。闽西特委准备派遣一批年轻党员到闽西各个村庄,宣传党的统一战线政策,急需擅长群众运动的干部。陈康容奉命回到家乡永定的小学当教员,在当地开办夜校扫盲,后来又成立抗日救亡社团,办墙报,介绍世界大势,宣传党的政策,还组织师生排演抗日话剧,在各村演出。

1938年10月武汉失陷后,国民党丧失了抗日斗志,反而逐渐开始对共产党发动攻击,破坏统一战线。闽西地区形势日趋紧张。1940年8月,因为叛徒的出卖,国民党特务围住了陈康容的住所,陈康容见状把几张写有党的机密情报的小纸条塞入口中吞掉,随即被敌人抓捕。

闽西的抗日游击队很活跃,为了防止游击队员营救,国民党连夜把陈康容送到抚市审问。在这里陈康容遭受了非人的折磨,被严刑拷打数日,浑身血迹,昏死过去好几次。不管是酷刑虐待还是金钱利诱,都没能让陈康容透露任何党的秘密。后来敌人考虑到当地保安团有个小官张耀生是陈康容在厦门大学的同学,便要求张耀生设宴"款待"陈康容,劝其投降。陈康容见到这个"同学",当场对其无耻行径予以痛斥。敌人之前曾经给过陈康容"自首书"以图其能投降,可陈康容已抱定为革命牺牲的念头,便在"自首书"上表明心意:为了伸正义,

岂惧剥重皮！敌人此时已无计可施，便在8月15日残忍地活埋了她。

陈康容牺牲的时候只有25岁。作为一名华侨，她从小就在父亲的熏陶下，培养了家国情怀和爱国主义思想，回国后便为了国家摆脱贫弱和战乱而奔波。她从入党到牺牲仅仅3年，但在这3年里，她一直为党和人民的事业奔走呼号，服从组织调配，利用自己的文艺特长宣传抗日救国，践行了入党时的誓言，在平凡的工作中建立了不朽的业绩和功勋。为了纪念陈康容烈士，1944年年底，闽粤边区的爱国青年组织了抗日游击队，命名为"康容支队"，这支队伍为抗战和解放事业战斗了数年。

44 何功伟：忠于党的"青年楷模"

1931年9月18日，盘踞在我国东北地区的日军发动九一八事变。不久，东北沦落在日军的铁蹄之下，东北人民陷入了苦难之中，有志之士和爱国民众在白山黑水之间与日军进行了英勇斗争。看着东北人民苦难深重，远在湖北的一个青年坐不住了，他以文天祥、岳飞等人为榜样，积极组织同学读书会，把"天下兴亡，匹夫有责"当作精神动力，向同学们宣传爱国救国思想。这个青年人就是何功伟。

何功伟1915年出生于湖北咸宁。何家在本地是一个书香人家，父亲何楚瑛是咸宁有名的绅士。何功伟自幼敏而好学，悟性很高，7岁从族伯读书，8岁起在家乡读私塾，学古文、习诗词，关心时事。抗战爆发后，何功伟下定决心要拯救国家于水火之中，不顾反动势力的威胁，在同学之间宣传救国思想，向群众揭露日本侵略者的丑陋嘴脸。

1935年，北平学生举行了声势浩大的抗日游行示威活动。看到北平学生的爱国行动，何功伟立即呼吁学生联会召开会议，指出:"武汉不能沉默!全国人民是一体的!北平与武汉的学生是一体的!"当即成立游行委员会,响应北平学生的游行示威活动。何功伟的父亲担心儿子的安危,不远千里从老家跑来劝阻。面对父亲的劝说,何功伟回答:"家国不能并顾,忠孝不能两全!"接着就又投入到高涨的学生运动中。1936年8月,何功伟加入了中国共产党,成为一名光荣的共产党员。之后继续领导革命斗争,培养革命骨干,带领队伍打响了鄂南人民敌后抗日战争的第一枪。1940年6月宜昌沦陷后,面对日本侵略者的野蛮轰炸,何功伟夜以继日地安排各项工作,一直到敌机投下燃烧弹,他才乘坐最后一条船离开。8月,何功伟带领怀孕6个月的妻子,跋山涉水到达恩施,继续从事革命活动。他的妻子许云由于身体原因,被组织调到环境相对稳定的重庆工作。没想到,这一别竟成了永诀。

1941年年初,国民党顽固派制造的皖南事变,是第二次反共高潮的顶峰。盘踞在鄂西的反动派更加嚣张起来,进行疯狂的大搜查、大逮捕。由于叛徒出卖,何功伟不幸被捕。入狱后,何功伟仍然不放弃斗争,把唱歌当作鼓舞战友、打击敌人的有力武器。每当黄昏时分,充满激情的歌声就会从关押何功伟的谷仓的小窗口飘出,从《满江红》到《延安颂》,一直不停歇。最初的两天,特务们还扯着喉咙喊:"不准唱!不准唱!"后来他们就无能为力了。9月,何功伟被转移到不见天日的地牢里。虽然不能与其他同志接触,但他仍然用歌声来寻找同志和朋友,在地牢里高唱《满洲囚徒进行曲》,就连看守的咆哮声都被这悲壮的歌声压制了。

1941年11月17日,天阴沉沉的,何功伟被押出了地牢,穿着青布制服和父亲送来的新鞋袜。通往行刑地点的路,有一段是百余级台阶的石板路,刽子手事先告诉何功伟:"你上一步,我问你一次'回不回头',你若回头,就免于一死,你若走完台阶还不回头,就枪毙!"面对敌人的诱惑与威胁,何功伟始终不予理睬,戴着沉重的脚镣,拖着遍体鳞伤的身躯,高唱着《国际歌》,一步一步地攀登台阶。每上一步,敌人就诱降一阵,威胁一通,但何功伟视死如归,迈着坚定的步伐走向刑场。在刑场上,特务强迫何功伟跪下,何功伟怒斥道:"共产党员是不会下跪的!"距离26岁生日还有4天的何功伟,倒在了血泊之中,用他的忠诚诠释了共产党人的精神品质。

45 赵镈：
为保护组织机密而英勇牺牲

全面抗战爆发后，八路军一一五师分批开进山东创建根据地。当时山东的形势极为复杂，日军、伪军、国民党军、土匪各种势力鱼龙混杂，我党面临的任务颇为艰巨。一批在党、政、军各方面都表现出色的工作者，为山东根据地的开拓和巩固立下了汗马功劳。赵镈便是其中的杰出代表。

赵镈，1906年出生于陕西府谷，后在山西汾阳读中学时受到马克思主义熏陶，并于1926年加入中国共产党。当时正值国共合作时期，赵镈听从组织安排，报考黄埔军校，并顺利进入六期班学习。

蒋介石和汪精卫先后叛变革命后，赵镈来到北平从事革命活动。1931年6月，由于河北省委出现叛徒，中共在华北地区的组织几乎被国民党"扫荡"一空，赵镈和薄一波、刘澜涛、杨献珍等多名党员被捕入狱。但赵镈在狱中守口如瓶，敌人始终未能从他嘴里获得任何有价值的情报。赵镈还在监狱里和难友一起研讨学习马列文章，组织绝食运动，抗议监狱对政治犯的虐待，斗志丝毫不减。1936年赵镈被营救出狱，后来到山东根据地工作，1940年担任新成立的鲁南区（今临沂一带）党委书记。

5年多的监狱生活，摧残了赵镈的身体，他得了严重的胃病、肺结核和关节炎，走路都不方便，但他接到新任务后立刻投入到根据地建设中去。山东地区是连接华北、华东的津浦线枢纽，是日寇重点"关注"的战略要冲，为加强对山东的控制，日寇在许多地区都派驻伪政府和伪军。当时鲁南根据地周围有日伪军队、土匪，北边有国民党顽固派的部队，我党需要与多方势力角力，其艰难程度可想而知。赵镈到任后与一一五师的罗荣桓搭班子工作，密切联系群众，在极其艰苦的条件下逐步建立了各级党组织，各地的民众武装也得到了加强。他按照陕甘宁边区政府的经验，采用"三三制"原则在各个区县陆续选举专员和参议会，成立民主政权，使党和群众关系更加密切，统一战线得到了加强，根据地得以不断扩大。

鲁南区的壮大景象引起日寇的担忧，他们开始对根据地进行封锁和"围剿"。国民党顽固派也乘虚而入，在1941年制造了四二五事变，导致我军有70多人牺牲。同年秋，日寇又开始对抱犊崮地区进行"扫荡"，赵镈率领鲁南党委转移到银厂村，没想到被附近的国民党特务包围，大家决定分头突围。但赵镈没走多远，突然想起有个装着机密文件的皮包还没拿走，当即又返回驻地找到文件并焚烧干净，但此时敌人闯了进来，赵镈不幸被捕。

 ★ 忠诚篇 ★

国民党一开始跟他大套近乎，请高官作陪"宴请"，劝他投降，赵镈却借机抨击蒋介石的专制独裁和对日投降的反动政策。一计不成，国民党又用起严刑逼供的老手段，赵镈被拷打十多次，但没有透露党的任何信息，最终于11月19日被残忍杀害。

赵镈对党的忠诚，不仅体现在他能在困难环境下开拓根据地、保护党的机密，还表现在他对党纪的维护和遵守方面。为了和百姓建立军民鱼水情，他严禁部队到农田私拿农民的粮食。1941年春，根据地遭遇春荒，赵镈带领战士一起与农民种地，吃糠咽菜，与百姓同甘共苦，决不搞特权。对于染上腐化习气的干部或者队伍里的叛徒，赵镈都是严惩不贷。另一方面，赵镈自己一直保持勤俭朴素的作风，虽然他体弱多病，但总是把上级或同事发给他的药物和粮食送给更需要的同志。赵镈牺牲后，鲁南区军民捐款为他铸像，举行追悼大会。时至今日，临沂老百姓还在传颂赵镈的光辉事迹和无私无畏的共产党人精神。

46 陈波：鲜血浸染的忠贞

近百年前的一张浸满鲜血的党证，对于独臂将军陈波来说，显得弥足珍贵，意义非凡。这张血染的党证的背后又有哪些不为人知的故事呢？

陈波，原名陈汉清，1908年出生于湖北

陈波（陈汉清）的党员证

麻城乘马九乡（今属河南新县）。他一生历经百战，战绩辉煌，获得过无数荣誉，1955年中国人民解放军首次授衔时，因战功显赫被授予少将军衔。陈波的一生是具有传奇色彩的一生。

1929年初春，年仅20岁的陈波在湖北黄安（今红安）参加了红军。因为入伍前当过裁缝，组织上分配他到被服厂工作。在被服厂工作期间，陈波正式加入了中国共产党。之后，他成了红一军的战士。入伍后的第二年，由于出身贫苦，作战勇敢，陈波当选为红四方面军参谋处党支部书记兼党小组组长。1934年，川陕苏区党组织决定给优秀党员签发党证，这是党对自己儿女的一次全面审查和政治考核。在评议会上，时任宣传委员的徐向前说："我们的支部书记陈汉清（陈波）同志出身贫苦，工作积极，作战勇敢，同意发给党证。"陈波领到党证后，十分珍惜，特地缝了一个小皮囊别在腰带上，贴身放置党证和交党费的铜钱。在当时，党证既是一种激励广大党员奋勇前进的奖励，也是一种特殊身份的象征。而这张被陈波小心翼翼收藏在腰间皮囊里的党证，因为一次意外事故而被浸染了鲜血。

说起这张血染的党证，还要从陈波经历的一次滚雷爆炸事件讲起。

1941年3月的一天，陈波向战士们介绍完滚雷的使用方法，开始做示范。他命令大家后退300米，然后抱起西瓜大的滚雷向山丘走去。团长欧治富拦住他说："这是新制的，有危险，我来吧！"陈波说："你是一团之长，还是我来！"大家进入安全地段后，陈波开始按雷、擦火，嘣的一声，不合格的滚雷一触即发，陈波不幸倒在了血泊中。经过奋力抢救，陈波奇迹般地活了下来，但少了一条胳膊，两条腿也无法弯曲。醒来后，他用仅有的那只右手摸到裤带上，发现少了什么，便焦急地问护士："小皮囊呢？"见护士不明其意，陈波解释说："火柴盒大小，裤带上的。"护士将他的血衣翻遍，终于找到了小皮囊，找到了党证，只是此时的党证已经被鲜血浸染，就如同被炸药摧毁的胳膊和双腿一样，变得残破不堪。然而，陈波坚强的意志力却没有被摧毁，相反，他忠诚于党、甘愿为党付出一切的信念在这次事故后变得愈发坚定。

在抗战胜利前夕，为了紧急驰援东北，即便身体已经残疾，他还是不顾东北干部团团长林枫的劝告，在经历了无数考验和磨难之后，毅然决然地踏上了前往东北前线的道路。在那之后，他成为赴东北工作干部团的一名特殊成员，为缺少枪支弹药和衣服的士兵提供他们急需之物。官兵们从这位身残志坚的老红军那里，不仅得到了充足的物资，更重要的是汲取了攻坚克难的精神力量。

历经艰苦的长征，血战甘肃、宁夏、山西，赴延安，战东北，多少次行军作战的汗水把陈波的党证浸透，多少次沿途的奇寒把党证上的汗水凝成冰凌。在穿越鬼子的封锁线时，为防止落入敌手而暴露身份，许多人把党证销毁了。陈波说："就凭我这一只胳膊、两条残腿，不是红军就是八路，有无党证一个样，落到敌人手里都是死。"所以他一直揣着党证打天下，带着党证渡难关。从陈波的身上，我们可以看到他对于党的事业的无限忠诚，他矢志不渝的信念、英勇作战的勇气，还有对党的那一份赤诚之心，值得被所有人敬仰学习。

47 | 李子芳：
华侨英烈，浩气长存

1910年5月的某一天，在福建石狮的一个爱国华侨之家，一个婴儿呱呱坠地。由于时局动荡不安，这个孩子幼年生活极为艰辛，父母双亡后与兄弟姐妹相依为命。他就是李子芳。他14岁的时候被迫去菲律宾谋生，在异国他乡仍不忘坚持学习。受到进步思潮的影响，1927年国民大革命爆发后，他毅然回到故乡，立志投身革命。

在艰苦的革命斗争中，李子芳经受了血与火的洗礼和考验。1933年4月，他加入了中国共产党，先后参加了工农红军长征和中国抗日战争。1937年10月，就读于抗日军政大学的李子芳，调任新四军政治部组织部部长。1941年年初，皖南事变爆发，新四军被国民党部队重重包围。在危急关头，上级决定让李子芳和军政治部宣传教育部部长朱镜我先行撤离。但他们都毅然决定与部队同生共死，与敌人战斗到最后一刻。李子芳坚定地说："我从来没有离开过部队，要死，就和大家死在一块！"李子芳由于身体有恙，行动非常艰难，不幸被捕。

由于叛徒的出卖，李子芳被捕后很快暴露了身份，后被转移，关押在江西的上饶集中营。被关押后，李子芳不仅没有丧失革命斗志，反而更加坚定了自己同反动派斗争到底的信心。在狱中，李子芳拖着病弱的身体，坚持开展工作，积极鼓励狱中的同志要坚定革命立场，千万不要悲观，失去信心，更不能丧失革命气节，要坚信中国革命必将走向胜利。他说："只要我们还有一口气，就要坚持同顽固派斗争到底。"1941年7月，李子芳被转移到石底监狱。李子芳很快与监狱里的其他革命同志取得了联系，并秘密成立了一个党支部。李子芳提出要主动出击，策划越狱，但未能成功。之后国民党特务对他们严加看管，使他们在狱中的境况更加艰难。

李子芳对一同被捕的敌工部部长林植夫说："国民党一向强迫共产党的'首要'人物'自新'，以便当他们的走狗，不自首便杀。我是出了名的共产党员，他们自然免不了这一套。要我当叛徒，绝对办不到，要命有一条。"国民党第三战区的司令长官顾祝同，对他抱有极大的幻想，并指示国民党第三战区情报室专员、上饶集中营特务头子张超，动用一切手段强迫他改变立场。但张超的阴谋早被李子芳识破，他针锋相对，软硬不吃，敌人又改变花样，让特务总教官肖芬出来与其进行"理论战"，结果被他驳得体无完肤，只得落荒而逃。1942年4月，日寇进攻浙赣地区，国民党第三战区决定把上饶集中营迁往闽北。就在转移前夕，顽固派伸出了血腥的黑手。29日下午，特务将放了毒药的饭菜送进囚室，中毒的难友们腹痛难忍。李子芳忍痛大骂狼心狗肺的特务匪徒，高呼："打倒国民党反动派！中国共产党万岁！"特务们见李子芳和他的战友黄诚、廖振文还没断气，便用绳子将他们一个个勒死，李子芳和他的战友们壮烈牺牲。

在生死面前，李子芳没有选择苟且偷生，表现出了坚定的革命信仰，展现出了临危不惧的献身精神和对党的无限忠诚。

48 张友清："党需要我怎样我就要怎样"

20世纪30年代，国统区白色恐怖异常严峻，共产党员不断被反动派抓捕入狱。1931年河北省委被破坏，61名党员被抓进北平军人反省院。敌人对这批党员施以各类酷刑，但未能取得任何效果，转而妄图在精神上征服他们。但有一名党员撕掉敌人提供的"学习材料"，在狱中与同志们成立党支部，带领大家进行反虐待的绝食抗争，并鼓励大家遵守党纪，坚持斗争。这位党员便是张友清。

张友清，1904年出生于陕西神木，从小成绩优异，1921年考入山西省立一中。山西省立一中校风开放，社会主义思潮传入山西便是从这里开始的。张友清在学校通过阅读《新青年》等进步刊物，开始接受马列主义的熏陶，关注十月革命和世界时事。1925年，张友清来到北京进入中国大学念书。这所学校是孙中山、黄兴等革命党人在民国初期创办的，学风趋新，师生观念先进，富于革命精神，热衷于传播新思想，亦不乏马克思主义的支持者。张友清在入校当年便被吸收入党，从

此将革命作为一生志业。

国共合作破裂后不久,张友清奉令到北平从事白区地下工作,发展工人运动,1930年曾被阎锡山的部队抓进监狱严刑拷打,后被营救出狱。但仅仅一年后,由于北方局出了叛徒,张友清与安子文、薄一波等人在天津被捕,被送到北平军人反省院。张友清身体不好,一直有肺病,脚踝也被镣铐磨得露出骨头,但他一直和同志们进行不屈不挠的反抗。1936年9月,华北危机爆发,反动派逃离河北,张友清和战友们相继被营救出狱。

不久,为了对阎锡山进行统战,组织上派张友清与李葆华(李大钊之子)等人到山西负责组成省工委组织抗日救亡活动。张友清除从事秘密工作外,还对山西牺牲救国同盟会(抗日战争时期,共产党实际领导的山西地区抗日民族统一战线群众团体)的工作大力配合,营救政治犯。全面抗战爆发后,山西省工委动员一切抗日力量,组织独立自主的山地游击战。由于太原会战失败,张友清开始组织群众在山西农村和山区开拓晋东南根据地,组织抗日武装,坚持对敌斗争。

1939年以后,抗战进入相持阶段,国民政府的反共小动作越来越频繁,阎锡山也开始限制共产党在山西的活动。张友清此时担任北方局统战部部长,他表示,对阎锡山可斗争,但不要决裂,同时严防被国民党收买或同化,揭露国民党破坏统一战线的言行。

由于我党华北地区根据地的发展壮大对日军的后方造成了很大的困扰,尤其是1940年的百团大战,让敌人在河北、山西的交通线陷于瘫痪。1942年以后，恼羞成怒的日寇开始对太行地区进行疯狂"扫荡"，八路军副参谋长左权不幸牺牲。当时北方局同志分头突围，在八路军前方担任秘书长的张友清为了掩护战友，未能成功逃离包围圈，被敌人在山林里搜到，押到日军在太原的集中营。张友清受尽了敌人的拷打，从未承认自己的真实身份，更未透露半点党的机密。由于常年高负荷工作，加上监狱里的折磨，张友清的身体每况愈下，最终染上痢疾，于1942年7月牺牲。

张友清的一生，始终坚持一个主义、一个组织、一个方向、一个信仰。自从参加革命后，他常年因为工作需要和组织安排奔波各地，无论是在山西、北平、天津还是其他地方，无论是在敌人的监狱还是在各个根据地，从未改变初心，正如他1927年在武汉写给兄长的信中所表示的，"我一切就都应该交给党，党需要我怎样我就要怎样"，一片赤诚之心跃然纸上。

49 邓振询："波涛翻滚永奔腾"

"秦淮河水急又深,面上无桥不留情。三十八年如一日,波涛翻滚永奔腾。秦淮河畔景色新,桥面通车喜人心。冬去春暖明灯亮,四化建设日月兴。"秦淮河畔,一位女子口中默默地念着这首山歌,微风拂来,她眼角的泪水滑过沧桑清瘦的脸庞。今日秦淮河畔风景如新,但是她的丈夫邓振询却再也看不到了。

邓振询

邓振询,1904年出生于江西兴国一个贫苦的农民家庭,家徒四壁,仅有一间破茅屋可以栖身,全家就靠帮地主打短工、干零活维持生计。6岁时父亲去世,母亲无力承受生活的重担,被迫携子改嫁。从此,生活略有好转,邓振询得以念了几年私塾。4年后,母亲、继父相继去世,无依无靠的邓振询重返老家,过继给伯父为嗣。苦难的童年,悲惨的经历,使年轻的邓振询充满了对不平等社会的仇恨和对新生活的渴望。

在北伐军进驻江西以后,邓振询就开始积极参加当地的农民运动。1928年春,邓振询秘密地加入了中国共产主义青年团。1929年2月,他又光荣地加入了中国共产党,并先后被选为塘石乡工会主任和区工会委员长。同年3月,毛泽东、朱德率红四军转战赣南、闽西,首次来到兴国,帮助兴国县建立了革命政权,成立了县革命委员会。邓振询亲自召开干部会议,传达中共六大会议精神,号召干部坚定不移地走群众路线,争取革命的胜利。1930年2月,由于邓振询出色地领导了全县工人革命斗争,成了兴国全县工人运动的先锋,被选为兴国县总工会委员长,成了全县工人解放斗争的领袖。经过邓振询的不懈努力和精心组织,兴国县的工人运动开展得井井有条,并不断向前推进。

1933年10月,为了粉碎蒋介石的第五次反革命"围剿",党中央决定在苏区开展"扩红突击月"活动。在这次"扩红突击月"活动中,邓振询领导扩红突击队,成绩突出,被评为"扩红"模范。此后,邓振询被选为劳动人民委员。从此,他肩上的担子更重了,责任更大了,为解放劳动人民的事业奋斗终生的决心也更加坚定了。1934年4月,第五次反"围剿"失败,红军被迫开始长征。在随中央红军长征过程中,邓振询担任红一方面军第五军团政治部地方工作部部长。第五军团是全军的后卫,担负供给全军粮食和掩护红军突围的重任。由于敌人的反动宣传,沿途群众深受敌人的蛊惑、欺骗,筹粮工作进行得十分艰难。为了解决供给问题,每到一地,他总是不厌其烦、苦口婆心、耐心细致地做群众工作,宣传红军的政策。他在这种艰苦的环境中,总是保持革命的乐观主义精神和先人后己、艰苦奋斗的高尚品德。在他的动员下,沿途群众纷纷支持红军,保障了红军部队基本生活供给。

　　红军到陕北后,短短几年中,邓振询多次调换工作岗位,但无论是在哪个岗位上,他都勤勤恳恳、兢兢业业,所到之处,深得同志们的好评。1943年3月,邓振询随新四军第十八旅四十六团经过禄口附近的秦淮河边高桥时,迎面撞上了"清乡"的日伪军,当时只有一艘小船,邓振询大声地喊道:"快、快、快!同志们先过河!"等大部队安全转移后,他才和最后几名同志一起乘船离开,但是当小船快要到达对岸时,船舱却进了水,小船摇摇欲坠,邓振询带着对组织和革命的无限忠诚,随着小船一起沉入了秦淮河,壮烈牺牲,年仅39岁。

50 | 许权中：坚决抗日，反对妥协

土地革命时期，由于受到王明"左"倾错误路线的恶劣影响，大部分苏区丢失。幸而陕甘革命根据地在历尽艰苦斗争后得以保全，成为红军长征后的落脚点。在开拓陕甘根据地的过程中，涌现出一大批对理想执着追求、对组织无限忠诚的红军干部。许权中便是其中一个杰出的典型。

许权中，1895年出生于陕西临潼的一个农民家庭，因家境贫寒，只能半工半读。1918年，许权中参加了陕西籍国民党大员于右任的靖国军，跟随靖国军参加过多次军阀混战，后加入冯玉祥的国民军。1925年经友人介绍，许权中在北京结识了中共创始人之一的李大钊。在李大钊的关怀和影响下，他光荣加入中国共产党。

1926年国共合作时期，许权中的部队被编入国民革命军，在党的领导下，他们打败了军阀刘镇华的部队，陕西全省得以统一。次年4月，蒋介石开始"清党"，冯玉祥也配合蒋介石在陕西"清党"。为了保存革命火种，许权中的部队不得不在

陕西各股势力的夹缝中求生存，1927年年底来到洛南暂时投奔李虎臣。

许权中稳住阵脚后，对部队进行训练，还在当地批斗地主，分田地，把粮食分给贫农，扩大了部队的影响力。1928年4月，国民党陷入军阀混战，许权中和刘志丹、唐澍发动了渭华起义，成立西北工农革命军。不久之后在国民党的镇压下，许权中的部队在河南邓县（今邓州市）被土豪劣绅组织的"红枪会"缴械，他深感悲痛。

起义失败后，许权中奉命去苏联学习了两年马列知识和军事理论，总结了经验教训，回国后曾经短期加入吉鸿昌的察哈尔民众抗日同盟军。这支部队被蒋介石打散后，许权中回到老家教书、种地，并奉命去杨虎城的部队从事统战工作。在西安事变中，许权中的部队解除了蒋介石下属的武装，深得杨虎城信任，被编入西北军。

抗战时期，许权中是西北军第一个出征的将领，他的"许旅"曾经在华北地区多次配合友军对日作战，作风顽强，给日军造成了不小的损失。许权中在战斗中身受枪伤，部队从3000多人打到仅剩300余人，但无一人逃跑，得到第二战区副司令卫立煌的称赞。之后吴王渡南门之战，时任一七七师师长的许权中率部连续9次打退敌人的进攻。

许权中虽战绩辉煌，但其立场"左"倾，不被国民党待见。不久，许权中的职务明升暗降，从师长变成了少将参议，再加上他常年忙于战事，积劳成疾，此后大多数时间处于养伤状态，未能再上一线。但他依然尽力促进西北地区的民主运动，护送大批共产党人去陕北参加革命，还暗中帮助共产党的地下工作者，最后被国民党特务盯上了。为摆脱敌人监视，许权中到陕西眉县建立抗日革命根据地。1943年12月，许权中在勘察地形时被汉奸暗杀，年仅49岁。

许权中的一生，对共产主义的信仰坚定不移，对党组织赤心一片。1930年许权中回国后，被派往天津工作，不幸被捕，但他宁死不承认自己的身份，只说自己是个商人。他在狱中多次被国民党严刑拷打，每次上刑后都是血肉模糊，但他一直抱着乐观心态坚持锻炼身体，为继续革命做好准备。1938年后，国民党当局知道许权中带兵有方，想把他拉到自己阵营里，就派胡宗南等出面对他"好言相劝"，让他登报声明脱离共产党，并许以高官厚禄，但许权中当面予以拒绝，称这是"违心的勾当"。许权中的一生面对任何诱惑和逆境从未动摇过，为革命事业奉献了自己的一切。

51 | 符竹庭：擅打硬仗的良将

抗日战争时期，山东根据地是连接华北和华东的枢纽，战略地位十分重要。我党派遣了大量部队前去抗击日伪军，开拓根据地，为扭转华东的局势和抗战后期的反攻创造了条

符竹庭烈士纪念亭

件。而这一切离不开子弟兵的勇猛顽强和将领的指挥有方。符竹庭便是我党在抗战时期驰骋于山东疆场上的名将，曾经率领八路军部队在敌强我弱的条件下屡创胜绩，为当地百姓所敬仰。

符竹庭，1912年出生于江西广昌一个贫苦农家，15岁参加共青团，同年加入南昌起义的部队，次年光荣加入中国共产党并跟随红军打游击。他不到20岁便在红一军团担任团政委，率部反击蒋介石对中央苏区的数次"围剿"，受到中革军委的

嘉奖。

符竹庭交出的最出色的成绩单还是在全面抗战爆发后。太原战役时期，符竹庭跟随一一五师参加了平型关战役并取得胜利。由于山东地区是中共抗敌战略的重要组成部分，自1938年开始，一一五师分数批挺进山东，其中三四三旅改编为东进抗日挺进纵队，在1938年10月开赴山东，符竹庭当时任政治部主任。挺进纵队最初在河北和山东交界地带顺利开拓了15个县的根据地政权，之后符竹庭又率队在鲁西南和苏北地区打游击，摧毁日伪军10多处据点，建立滨海抗日根据地。这样一来，华东、华北地区根据地的交通线被顺利打通，符竹庭功不可没。

1942年起，日军对我华北各根据地展开残酷"扫荡"，山东地区形势一度紧张。符竹庭临危受命，率领一个旅的兵力上演攻坚战，顺利攻克临沂郯城，把日军在鲁南的据点拔除，歼灭、俘虏大批日伪军，缴获大量装备，成为山东反"扫荡"斗争的经典战例。此后符竹庭连战连捷，将滨海边区的威胁扫除。1943年，中共成立滨海军区，符竹庭和陈士榘分任政委和司令员，两人率部将滨海根据地面积扩大到两万平方公里。当年11月间，他们合作指挥了赣榆战役，击溃日伪军数千人。这又是一次成功的以少胜多的战役，不仅成功扩大了滨海根据地，还成功将胶东地区与苏北地区连成一片。而后日寇展开报复，符竹庭在赣榆县（今连云港市赣榆区）西北视察时与敌人遭遇，不幸牺牲，时年31岁。

符竹庭的一生是为党为人民尽忠职守、勇敢战斗的一生。

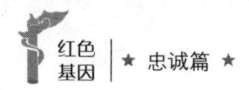 ★ 忠诚篇 ★

早在江西苏区时期,红军人数少、装备差、物资短缺,面对敌人的密集冲锋和飞机轰炸,符竹庭从不畏缩退让,而是多次在逆境中,圆满完成上级交代的任务。他的红一团因擅长防守反击,战绩出色,被授予"顽强守备"称号。同时他不仅擅长游击战,也对阵地战、攻坚战颇有心得。符竹庭还是擅长思想工作、队伍建设的政工干部。不管是红军时期还是八路军时期,符竹庭始终对工作认真负责,圆满完成上级的任务,为中国革命奉献一生。

52 | 王少奇：做过医生的游击队长

抗日战争时期，我党在冀北地区曾经有一名"全才"型干将。他本是医科生，以救治伤员为业，但是当组织上急需开拓根据地、整肃土匪的军事人才时，他当仁不让地带兵上阵，把盘山地区数百个游匪清剿消灭，后来又担任县长领导抗日。这位能文能武的"奇人"便是王少奇。

王少奇，1912年出生于河北香河的一个书香家庭，1933年考入北平大学医学院。当时恰逢日寇挑起长城战役，华北地区岌岌可危，民族危机严重，但蒋介石依然高喊"攘外必先安内"，把精力放在"围剿"红军上，对日一再妥协。北平学生激愤不已，掀起了多次抗议活动。王少奇也是千千万万爱国学生中的一员，他参加了伟大的一二九运动并组织南下请愿团。1936年3月，王少奇光荣加入中国共产党。

七七事变之后，根据党组织的安排，王少奇和同学以化名回到河北蓟县从事抗日救亡运动。平日以教书作掩护。后来王少奇考虑到自己是学医出身，便利用自己的专长在蓟县板桥村

开了一家医院。经过多方筹钱,甚至变卖家产,王少奇和同学最终购齐了各类医药用品和医疗器械,遂以行医之名,把医院作为蓟县抗日力量的联络基地。平时大家开会、交流情报、运转军备等活动均以医院为秘密据点。不久,王少奇和同学在各村组织了数十个救国会,向村民介绍党的统一战线政策,发动群众参加游击队或者提供后勤帮助。

河北是平原地区,缺乏山地和森林的掩护,开展游击战争颇为艰难。1939年7月,王少奇领导的冀东暴动被占据兵力优势的日伪军镇压,他不得不率部转移,与上级组织失去了联系。但他并未退缩,而是自己坚持打游击,多次出其不意地重挫敌人,开辟了盘山抗日根据地,成功说服蓟县地区(今属天津市蓟州区)的伪军头目董雄飞迷途知返,与八路军合作,暗中抗敌。在根据地扩大后,王少奇担任了县长,专心从事根据地建设。

1942年后,日军对华北进行残酷"扫荡",抗日根据地遭到敌人封锁,经济困难,缺医少药。为了让伤兵得到及时照顾,1944年组织命王少奇重回本行,来到晋察冀军区十三分区负责卫生处的工作。10月中旬,冀东特委在河北丰润召开扩大会议时,被日伪部队包围,大家当即决定转移,但敌人这次投入兵力达数千人,参会同志被层层包围。王少奇为掩护战友突围,不幸中弹受伤,他意识到情况不妙,趁敌人还没有逼近,当即掏出随身携带的机要文件焚毁。此时王少奇一个已经做了汉奸的同学向他喊话劝降,王少奇当即大声予以痛斥。为了不让敌人生俘，王少奇在击毙了数人后，举枪自尽，年仅32岁。

在王少奇十年的革命生涯中，他一直在战事紧张的华北平原地区与敌人周旋，经常一天只睡三四个钟头。由于过度操劳，他年纪轻轻便已有不少白发。但他始终服从组织安排和党的领导，在所有岗位都做出了突出的业绩。王少奇的家人也都有强烈的爱国思想，对他的抗日活动大力支持，或筹集资金、收购药品（王少奇开医院的钱便是变卖家里农田所得），或为地下党员提供地图，其兄长也潜入伪政权机关搜集情报。王少奇向我们展示了一名出色的共产党员的忠诚品格。

53 华克之：成功打入日伪内部的特工

新民主主义革命能取得胜利，除了我党领导有方、深得民心，以及一线将士们奋勇抗敌等因素外，隐蔽战线上的地下工作者同样起到了非常重要的作用。他们或在国民党政府机构任职，设法套取情报；或在白色恐怖阴影下建立党组、处决叛徒、保卫同志安全，将自己的生死置之度外。这种直接深入龙潭虎穴的工作，若没有胆大心细的性格和坚定不移的革命信念，很难有所成就，华克之就是我党情报工作领域的杰出代表。

与早期党员大多出身贫寒不同，华克之1902年出生于江苏宝应一个耕读世家，但自幼母亲病逝，父亲忙于革命事业，他从小被婶婶抚养长大。华克之早年读书刻苦，被保送进入金陵大学，之后受三民主义思想影响，加入中国国民党。第一次国共合作时期，华克之在江苏地区结识了诸多优秀的中共党员，如宛希俨、萧楚女等人，也初步接触了马克思主义理论。后来蒋介石背叛革命，屠杀共产党人，宛希俨等人不幸遇害，华克之对蒋介石的做法非常愤怒，成为国民党内的反蒋派。

1935年11月，华克之和同道策划在国民党召开四届六中全会的时候刺杀蒋介石，但蒋介石当天未出现在会场，刺客只是将汪精卫打伤。随后参与此事的人除华克之侥幸逃脱外，大多被国民党当局杀害或受到惨无人道的折磨。蒋介石得知内情后悬赏10万银圆买华克之的命，华克之当即决定投奔延安，随后按照中共中央的命令在李济深处做统战工作。1939年，根据潘汉年的安排，华克之回到上海，以"张建良"的名字继续从事情报工作，并加入中国共产党。

在上海工作的十多年，华克之取得了出色战果。通过老朋友任庵的关系，华克之成功将同为特工人员的"无线电之父"李白营救出狱，后来又设法接近汪伪政府的大汉奸周佛海，打入汪伪政府内部，并通过任、周二人获得了汪伪政府和国民党重庆当局的大量情报。由于华克之的努力，中共中央及时获悉周佛海和蒋介石暗通款曲的内幕。

日本投降后，上海地区成为三不管地带，日军在静安寺成都路留有不少军火。为了尽快获得这些装备，壮大新四军队伍，华克之找到了老朋友郑德升讨论行动方案。郑德升本是上海的一个精明商人，精通英语，在十里洋场八面玲珑，但他私底下同情共产主义，是共产党的同路人。郑德升认识一个管理日本在上海军火库的军官冈田，郑、华经过商议，决定由郑德升出面联系冈田，华克之找来军服和小汽车，扮演成"第五战区司令长官的心腹、国民党中将"，前来与冈田交涉。华克之自称既反国民党又不赞成共产主义，愿意和日本人合作"反共

★ 忠诚篇 ★

兴亚",成功骗得了冈田的信任,最后华克之在国民党"军统"特务的眼皮底下,将冈田交送的10多万支步枪、500多箱炸药和近200挺机枪成功运到新四军军部。

华克之在上海潜伏十多年,直至解放战争完全胜利,对于上级交代的任务,他总是不畏凶险,努力完成,为抗战胜利和全国解放立下不朽功勋。难得的是,华克之交友甚广,经商收入颇丰,他把这些钱全都用在执行公务和接济同志上,自己不置私产,体现了一个忠诚、无私的共产党员的品格。

54 刘炎：
开拓新四军江南阵地的大功臣

1946年冬，在山东沂南西桃花村，一位罹患重疾的新四军军官正借住在当地村民家中疗养。他虽在"疗养"，却无时无刻不在关注前方战事，把珍贵的药物（如葡萄糖注射液）让给一线受伤的将士使用，自己只是在苦撑。房东老大娘见此情景，颇为心酸，打算杀掉家养的母鸡为这位军官炖汤调养身子。但他向大娘微笑着表示："共产党是为群众谋幸福的，您家里这么困难，这鸡我绝对不能吃，留着它下蛋吧，感谢您的心意。"大娘为军官的坚忍和自律感动不已。这位善良又坚强的军官，便是新四军第一师政委刘炎。

刘炎，1904年出生于湖南桃源一个贫困家庭，父母皆以务农为生，操劳一年的收成还不够交租的，时常靠借债维持生计。国共合作以后，共产党在南方各省农村成立农会，推广减租减息政策。刘炎也投入革命洪流中，在乡里率领农会成员打土豪分田地，一时间桃源县农民运动如火如荼。不料"马日事变"后，湖南革命形势急剧恶化，农会惨遭镇压，刘炎被迫前往武汉，加入国民政府警卫团。汪精卫背叛革命后，刘炎并没有被大屠杀吓倒，而是跟随警卫团参加了1927年9月毛泽东领导的秋收起义，并在起义前夕加入中国共产党，10月上井冈山创建根据地。

在中央苏区前三次反"围剿"斗争中，刘炎表现出色，从秋收起义时期的班长被提拔为红一军团的中层干部。1934年秋，中央红军开始战略转移，刘炎担任红一军团民运部部长。红军长征时大部分时间没有地图，行军不便，刘炎担负的主要任务是寻找领路向导。这个工作十分艰巨，由于红军路过地区的百姓有些受到国民党宣传的影响，对共产党和红军不熟悉，甚至害怕。刘炎每到一地都要花费很大精力去找群众聊天，帮农民干活，打土豪分田地，为群众解释党的政策。通过刘炎的说服动员，目睹了红军的作风，很多百姓乐意为红军做向导，甚至提供粮食、衣物。

全面抗战爆发后，南方红军游击队被编入新四军，刘炎从陕北前往一支队工作，协助陈毅开拓茅山抗日根据地。为了扩充新四军武装，刘炎又来到丹阳地区，把管文蔚领导的丹阳游击纵队改编为新四军挺进纵队。当时苏皖浙一带有不少小军阀的杂牌军，刘炎派人去这些部队发展党组织，争取把他们拉进统一战线合作抗日，最终成功争取了五六百人投奔新四军部队。更为可喜的是，江南地区一些地主、进步人士甚至国民党官员，经过刘炎和陈毅的动员和争取也都认同甚至加入共产党，支持统一战线政策。在陈毅、刘炎等将领的努力下，江苏大部分地区军民一心,成功粉碎了数次日军的"扫荡"。

刘炎在江南时期,用尽一切力量扩大党的政策和统一战线的影响。创建茅山根据地之初,他便在当地广泛走访群众,介绍党的政策和抗日理念,动员民众成立农会或妇救会为抗日做后勤工作,还办理军训班为抗战培养人才,为党引进年轻有为的青年。为了统一政令,他在创建新四军挺进纵队的时候就表示,部队必须坚持党的绝对领导,不搞统一战线(不许其他党派或者无党派在部队内部活动),确保党的政策得到顺利贯彻。1940年夏天,新四军主力开始调入苏北,苏南地区形势紧张,刘炎随即带领一批人回去,采取种种措施巩固了党对江南地方政权的领导,稳定了民心,确保江苏南北运输线路通畅。1942年,刘炎罹患癌症,上级曾把他送到上海治疗,但他很快便回到部队带病工作。1946年年底,刘炎不幸病逝。陈毅元帅为刘炎题写的碑文"服务人民无限忠诚",简洁明了地概括了刘炎同志一生的作风。

55 吕惠生："忠贞为国酬"

1931年秋天，日寇发动九一八事变后，开始从东三省步步侵蚀我国领土。面对强敌压境，蒋介石在此时却提出了荒唐的"攘外必先安内"政策，集中力量"围剿"红军。蒋介石的这种倒行逆施不仅激起了学生、工人和老百姓的义愤，也让国民党内部的爱国人士心灰意冷。有一位十年党龄的国民党党员退党并加入中国共产党，从此为共产主义事业奋斗一生，直至光荣就义。他就是吕惠生。

吕惠生，1902年出生于安徽无为，父亲是晚清秀才。在家庭氛围的影响下，他从小读书甚勤，抱着实业救国的热忱考入北京农业专门学校（后来的北京农业大学）。毕业后，作为高才生的吕惠生谋职多次受挫，后来无意间接触了三民主义理论，遂于1926年回到无为老家，在县城国民党党部工作。这一时期，吕惠生致力于整顿当地教育、打击贪腐。虽然这时国民党已开始背叛革命，但他并不反对马克思主义理论，还出面保护当地的共产党员，协助农会的斗争，由此，无为的中共组织不断获得发展的空间。

在老家这几年的从政经历,让他目睹了国民党政府机关的腐化低效,官员的庸碌无为。九一八事变后,民族危机日趋严重,吕惠生对蒋介石和国民党大失所望。而当时共产党提出抗日民族统一战线的口号,对日宣战,组织东北抗联等爱国行动深深打动了他,吕惠生最终在1936年毅然退出国民党。

全面抗战爆发后,吕惠生与新四军参谋长张云逸会晤,商讨合作事宜,并四处奔走为新四军募得不少粮食军备。吕惠生对新四军的支持让国民党的安徽省当局大为不满,把他列为暗杀对象,吕惠生遂于1939年进入新四军江北纵队工作。皖南事变后,吕惠生担任无为县县长,深受陈毅军长信任。在当时强敌环伺、国民党顽固派又不时挑衅的环境里,吕惠生带领当地军民发展生产、减租减息、稳定物价、振兴教育、扩大就业、兴修水利。由于工作出色,吕惠生于1942年被组织批准入党。次年兼任新组建的皖中抗日自卫军司令,经过一番鏖战,顺利解放无城,扩大了皖江根据地。

1945年8月,日本侵略者宣布无条件投降,但无为地区的日伪军却听蒋介石的命令,不对新四军缴械,迫使我军不得不对日伪军发起进攻,解放了无为。9月,吕惠生随军北上,途中被日伪军抓进监狱。敌人千方百计诱使吕惠生"归顺"国民党,但他不为所动,且早已做好慷慨赴死的准备,即便遭受毒打也拒不投降,反而不时抓住机会向日伪军士兵讲述共产党的统一战线理念。随后,这些日伪军被蒋介石"收编",吕惠生

被转移到国民党的监狱,但他依然不屈服,于1945年11月光荣牺牲。

吕惠生律己甚严,爱党敬业,虽然一直体弱多病,但多年来长期坚持高强度工作。他出身于中产之家,却对金钱"一文不曾苟且",曾经捐出祖产从事革命,是真正的"毁家纾难",直至牺牲前依然是全家租房住,体现了共产党员的高风亮节和廉洁自律。

56 梁鸿钧：
南征北战，血洒蕉山

提到深圳，人们脑海中便会想起高耸入云的大厦、飞速发展的经济，这座被誉为世界之窗的城市有太多的辉煌与繁华。但在抗日战争时期，无数的仁人志士在这片土地上奋勇杀敌，为了救国不惜献出自己的生命。梁鸿钧就是那些仁人志士中的一位。

梁鸿钧的经历可以用南征北战、戎马一生来概括。在那个民不聊生的战争年代，贫民出生的梁鸿钧为了谋生，曾经加入过军阀的部队，兵败后加入国民党军队，参加过北伐战争和南昌起义。1928年冬，他加入中国共产党，参加了中央苏区反"围剿"，此后与中央红军一起经历了长征的考验。在这些艰难的岁月中，梁鸿钧依然坚持学习，追求进步，在党组织的推荐下去抗日军政大学读书，在日积月累的历练中逐渐成长为一名合格的共产党员。当抗日的烽火在岭南熊熊燃起之时，为了防止敌人的侵袭，发动当地群众进行抗日运动，梁鸿钧等一些党员干部等被派往广东，带领广东地区的抗日游击队英勇作战。梁

 ★ 忠诚篇 ★

鸿钧等人有着丰富的经验和卓越的军事才能。在他的指挥下收复了当时的宝安县，在横岗伏击日军，极大地打击了敌人的嚣张气焰。不久香港沦陷，广州地区毗邻香港，敌后武装斗争的形势日益复杂，日寇、汉奸、伪军以及国民党顽固派都是广州人民抗日游击队的敌人。梁鸿钧所领导的抗日游击队不仅成了日军的眼中钉、肉中刺，更是成为国民党顽固派追杀和抓捕的主要对象。在这样的情况下，抗日游击队的时间和精力被国民党顽固派大量消耗，革命形势不容乐观。

1945年2月21日傍晚，梁鸿钧奉命带领队伍前往云雾山等地区开辟新的敌后抗日根据地。出发那天大雨滂沱，山间小路泥泞不堪，队员们深一脚浅一脚地艰难前行。队伍行走了一天，队员们疲惫不堪，到了22日凌晨，部队进入蕉山村进行休息。当时，广东地区的国民党十分敌视抗日游击队，静安乡第二保保长彭天和乡长董洪才得知我军在蕉山村休整的消息后，连夜报告给了国民党代理负责人黄韬远。黄韬远带领国民党部队奔袭60多里路，从三面将蕉山村围了个水泄不通。当时执勤的哨兵太累了，当国民党到村口附近时，哨兵才发现装备精良的敌人，瞬间枪声大作，战士们只能仓促迎战。梁鸿钧从睡梦中惊醒，迅速勘察地形，带领部队占领了南面的高地。蕉山村有很多村民，同行的也有一部分政府工作人员，梁鸿钧大声喊道："快！掩护群众和工作人员快速撤离！"

小小的蕉山村烟雾弥漫，枪声、炮声连绵不绝。梁鸿钧沉着冷静地指挥战士们奋勇抵抗，但是在准备充分的敌人面前，我军战士死伤惨重。战斗越来越激烈，敌人越来越多，其他同志一直劝说梁鸿钧赶紧撤退，转移到安全的地方。但是梁鸿钧坚定地拒绝了。他早已将生死置之度外，毅然决然地冲到前面大喊道："快走！我断后！"群众和战士们已安全转移，他却被敌人的子弹击中，永远地留在了那片土地上。那一年，他年仅40岁。

57 罗世文："故国山河壮，群情尽望春"

"故国山河壮，群情尽望春；'英雄'夸统一，后笑是何人？"1946年，歌乐山的苍松翠柏之间，一个人高声朗诵着这首洋溢着革命热情的诗句，高昂的声音在群山之间回荡。随着一声枪响，这位勇士长眠于他为之奋斗的这片热土。这位勇士就是罗世文。

罗世文，1904年出生，四川威远人，是《红岩》中许云峰的原型。1940年3月的一个清晨，在成都焦家巷的一处民房里，一位神情坚定的男子正在主持召开紧急会议，这个人就是罗世文。当时，国民党特务刚刚在成都自导自演了一起抢米事件，将在现场观看的共产党员朱亚凡抓捕。整个成都处于国民党的白色恐怖之下，形势严峻。会上，罗世文与大家一起分析了当下的形势，并敏锐地察觉到这次抢米事件是国民党反动派为镇压进步人士和地下党员制造的阴谋，必须要尽快解决，迅速转移已经暴露的党员，保证他们的安全。川康特委书记邹风平恳切地对罗世文说："你的身份已经暴露了，继续留在成都是很危险的，你应该尽快转移，到乡下去避一避。"他的妻子也劝说道："你赶快离开成都吧，这里的事情交给我。"但是罗世文认为大敌当前，要以革命利益为重，他坚定地说："这里的很多工作还需要我去做，让其他的同志先转移吧！"然而，不幸的事情还是发生了。3月18日傍晚，天气阴沉沉的，淅淅沥沥的小雨拉开了黑夜的帷幕。此时的罗世文冒着雨正要赶往《新华日报》成都分馆处理机密文件，令他没想到的是，这一去就再也没有回来。国民党特务已经掌握了罗世文的行踪，早已趁着夜色将这片区域重重包围。罗世文一出现，四面而来的特务便冲上来，将阴森森的枪口对准了他。罗世文从容不迫地看着眼前发生的一切，他用鄙夷的目光怒视敌人，环视四周，镇定地说道："我们一定要坚持斗争，就是一个人也要坚持下去！"报馆的工作人员大声呼喊，罗世文深情地望着周围的战友，推开特务手中的枪，昂首挺胸地走了出去。在这天晚上，成都著名的抗日群众领袖车耀先也被捕入狱。

当时的国民党特务头子戴笠听说罗世文和车耀先被捕后欣喜若狂，急忙从重庆飞往成都，对他俩进行了一场秘密提讯。戴笠认为，只要从罗世文和车耀先身上打开突破口，就可以将四川的地下党员一网打尽，但是他低估了罗世文等人对党的赤胆忠心。面对戴笠的诱降和提出的各种条件，罗世文镇定自若地质问："现在是国共合作时期，你们凭什么抓我？"面对罗世文的质问，戴笠哑口无言。后来戴笠又请来罗世文的同学邓文仪出面劝降，也被罗世文严词拒绝，敌人只能悻悻而去。罗世

 ★忠诚篇★

文等人被关进了阴冷彻骨的重庆歌乐山军统局白公馆监狱,不久就转移到贵州息烽集中营,他在那里被关押长达6年之久。在监狱中,罗世文也没有忘记革命,他建立了一个临时党支部,与敌人开展斗争。

1946年,特务放出虚假信息,谎称罗世文和车耀先会被转移到南京释放,但罗世文感觉到最后时刻即将到来,他向狱中难友平静地交代了后事,悄悄地把多年来积攒的一万块钱交给了宋绮云,作为党的活动经费。8月18日,罗世文和车耀先被秘密押送到松林坡草地旁,被敌人残忍杀害。英勇就义前,罗世文高声朗诵出文中开头的诗句。罗世文面对死亡毫不畏惧,充分彰显了他的革命乐观主义精神和对党的无限忠诚。

58 戎冠秀："子弟兵的母亲"

习近平总书记强调，群众路线是我们党的生命线和根本工作路线。新民主主义革命仅仅30年便取得全国性胜利，群众路线起到了重要作用。红色政权以工农武装割据点燃星星之火，这把火能在农村顺利成长为燎原之势，离不开农民的支持。而农民对共产党的支持，就是我党落实群众路线的反映。拥军模范戎冠秀的事迹，就是典型的例子。

戎冠秀生于清末太行山区的一个贫苦农家，9岁就被卖为童养媳。因家庭经济困难，她一度和丈夫带着孩子给人打工为生。卢沟桥事变后，中国共产党来到华北地区开展敌后游击战，王震率领七一七团在戎冠秀的住地——平山下盘松村开辟根据地。八路军军纪严明，善待群众，和当地百姓关系融洽，戎冠秀夫妇先后加入中国共产党。

最初戎冠秀负责军队的后勤工作，担任村妇救会会长，成立专门的识字班，给妇女扫盲，发动她们支持革命（如做军装、织军鞋、传递情报等）。武汉会战后，抗战进入相持阶段，日

寇掉头对我军晋冀一带的根据地进行疯狂"扫荡",八路军转战各地,十分辛苦。在此情形下,担任村交通转运站站长的戎冠秀发动本村妇女进行支前工作,为一线的战士烧水送饭、抬伤员、埋地雷,组织村民转移,为前线士兵专心作战提供后勤保障。

华北平原是日寇重点"关注"的区域,因为只有这一地区交通顺畅,才能使南边的部队获得装备。八路军根据地无疑是在日寇的后方插进的一根根刺,搅得他们不得安宁。因而1942年后,敌人再次对华北地区进行大"扫荡",实行了残忍的"三光"政策,我敌后根据地形势一度极为困难。戎冠秀不分昼夜地照顾伤病员,护送前线伤员回医院,把自己所有的家当都用在医护方面。1943年11月,戎冠秀遇到一名从前线抬下来的伤员,身上数处伤口,全身黑紫,但戎冠秀不辞劳苦地喂水喂饭,悉心照料,结果这名战士被成功救活。由于戎冠秀护理伤员细致周到,深得战士们爱戴,有些子弟兵直接喊她"妈妈"。

戎冠秀不仅爱兵如子,在大生产运动中也率先垂范。当时敌后根据地经济困难,为响应党的号召,戎冠秀把组织奖励她的骡子、农具交给集体使用,白布送给农户做鞋面。同时,戎冠秀带动全村百姓垦荒种地,她自己率先下地劳作,白天率领本村妇女同志一起自力更生、扩大农业生产,夜晚带领大家一起织布纺线。在戎冠秀的带动下,边区粮食产量有显著增加,改善了前线将士的衣食供应,为赢得抗战胜利打下了经济基础。

1946年夏天,国民党反动派攻击我中原军区,解放战争爆发。由于国民党的部队人多装备好,根据地的老百姓为报答共产党的恩情,踊跃报名参军,补充兵员。戎冠秀挨家挨户做动员,并且率先给自己三个儿子报上名(最后三儿子被批准参军)。

  戎冠秀的工作态度得到了组织的肯定。为表彰戎冠秀的付出,1944年年初,我党召开晋察冀根据地的群英大会,正式授予戎冠秀"北岳区拥军模范——子弟兵的母亲"称号。同年年底,根据地又开展了"戎冠秀运动",号召大家向戎冠秀同志学习。1949年,戎冠秀作为华北区的人民代表参加了开国大典,受到毛主席、周总理的接见。新中国成立后,戎冠秀依然在妇女工作方面贡献良多。这位淳朴厚道、可敬可爱的老大姐,从接受共产党的恩情,到后来加入共产党,一直积极工作,在后勤供给、医疗护理、拥军支前、发展生产等多项工作中都发挥了党员的模范带头作用。这既体现出一个模范党员对组织的景仰和服从,也反映了抗战时期我党根据地各项政策的正确性,让越来越多的老百姓热爱共产党,忠于共产党。

59 皮定均：
赤胆忠诚创奇迹

皮定均同志是毛泽东1955年特意指定授予中将军衔的我军杰出将领，他的部队在解放战争时期被称作"皮旅"。1946年，为掩护中原解放区纵队突围，皮旅在敌我力量悬殊的不利局面下，孤军奋战，声东击西，成功将死棋下活，突破国民党重兵堵截，到达苏北解放区，创造了军事奇迹，名冠三军。

皮定均

皮定均，1914年出生，安徽金寨人，幼时因家贫无书可读，甚至一度以乞讨为生。1929年，他在鄂豫皖苏区加入红四方面军，并随军长征到达陕北。全面抗战爆发后，皮定均在刘伯承邓小平率领的八路军一二九师任团长。1944年，皮定均奉令在豫西组建抗日游击第一独立支队，并取得出色战绩，以至于登封一带现在还流传着《神勇皮定均》的歌谣。皮定均在豫西的开拓也为我党在河南、安徽一带创建解放区打下了良好基础。

最能体现皮定均的党性的事迹，莫过于中原突围。抗战结束后，皮定均的部队被编入新组建的中原军区。此时正是战后国共和谈时期，为了大局考虑，中共中央还一度计划迁至江苏淮阴办公。但无论怎么让步，都无法改变蒋介石对我党进行军事消灭的打算。1946年夏，蒋介石撕毁"双十协定"，挑起内战，派30万兵力包围中原解放区，企图全歼我党中原军区兵力，解放战争由此爆发。

面对国民党大兵压境，中原军区决定采取声东击西的战略，命令第一纵队第一旅（旅长正是皮定均）向东突围，吸引敌人兵力，掩护中原军区主力部队向西突围。皮定均面对的是十多倍于己的敌人，如果真的强行孤军突围的话，这支部队很有可能遭遇全军覆没的危险。但是他毫不畏惧，果断接受上级的命令。皮定均指挥打仗战术灵活，不拘一格，在军内有"皮猴子"的绰号。这次皮定均让部队巧妙地利用树林、山沟的有利地形，甚至以天降暴雨作为掩护，尽量保存有生力量，与国民党打游击，忽东忽西。在经历了数次恶战后，部队斩关夺隘，最终成功越过津浦线，转移到苏皖地区与友军会师。

在突围过程中，面对敌众我寡的局面，皮定均带领部队以减员2000余人的代价取得了胜利，并成功掩护中原军区主力部

队向西转移。这场九死一生的突围战，体现了他大无畏的牺牲精神、对党无限忠诚的革命信念和优秀的军事素养。1955年全军举行授衔仪式，本来皮定均按资历（解放战争时期担任副军长）拟授少将军衔，但毛泽东考虑到皮定均中原突围的贡献，特意批示授予中将军衔，这是对皮定均最大的肯定。

60 | 李志业：
战斗到底的忠诚英雄

1940年，抗日战争进入战略相持阶段，全国人民同仇敌忾一致抗日。这一年的麦收前，烈日炎炎下，一个年仅16岁的年轻人被卖国贼强迫着为日军建立军事据点，趁守卫不备，这位血气方刚的青年机智逃脱。逃脱后不久，他成了八路军的一名士兵。由于他的突出表现，党组织同意了他的入党申请，他成了一名光荣的共产党员。他就是李志业，1924年生于山东桓台西龙村。

1944年夏天，张许之战拉开帷幕。为了消灭敌人，他单枪匹马闯入敌人据点，连刺8名伪军士兵。他被称为"孤胆英雄"，因作战英勇，很快被提升为排长。1946年7月，李志业所在营奉命参加了惊心动魄的解放济阳战役。刚开始，解放军很快扫清了敌人外围，敌人被打得连连败退。然而，敌人处在有战略优势的位置，占据高地，双方陷入僵局，勇猛的李志业率突击排冲上去全歼了守敌。他站在城门楼上，看到北侧的一个院落的敌人火力极猛，就当机立断，命令九班班长崔华和8

名战士在此坚守,自己和其余战士去消灭院落里的敌人。同时,营长宋家烈也带领一排人冲了上来,两支队伍集中火力打击敌人。敌人负隅顽抗,严防死守,同时组织大批人员,以炮火、重机枪掩护,幻想一口吞掉解放军的力量。李志业指挥着三班战士,狠狠地打击敌人,把他们的火力压了下去。可是这时弹药已用光,宋营长着急地说:"现在最重要的是子弹,子弹哪里有呀!""找敌人的弹药库!"李志业立即率领3名战士,携带着炸药包,向敌人弹药库杀去。李志业与3名战士机智地翻墙越屋,最终他们成功获得了敌营中的武器弹药,充实了火力,使战士们的信心和力量倍增。

中午,不甘失败的敌人派出多架战机对解放军坚守的阵地进行疯狂轰炸。情况危急,宋营长向大家喊话:"同志们,只要我们人在,阵地就在!兄弟部队很快就会来增援的,我们要顽强地战斗下去,把敌人消灭在阵地前!"李志业斗志高昂,借机开展思想工作,大大提高了战士们的士气,坚定了战斗到底的决心。大家备受鼓舞,齐声呼喊:"坚决把敌人消灭掉!""是英雄,是好汉,现在就比比看!"突然,机枪手李文达被子弹击中,即将倒下,李志业迅速抱住机枪跳上房顶,对准敌人的火力口就是一阵猛扫,射杀了敌方的机枪手,把敌人打得如丧家之犬。敌人明白了威胁之所在,于是集中火力向李志业射击,子弹嗖嗖地从他身边呼啸而过。宋营长意识到情况危险,大声地向他喊话:"志业小心!敌人从西北方向向你开火啦!"但为时已晚,敌人的一颗子弹早已飞驰而过穿透了李志业的胸膛，他随即倒下了。宋营长飞快地跑上去，抱起李志业，他睁开眼说道："营长，我为人民战斗到底了！"他牺牲时，年仅22岁。

61 刘胡兰："生的伟大，死的光荣"

1932年10月的某一天，山西文水县的一户贫苦农民家庭里一个女婴呱呱坠地，婴儿出生时哭声洪亮。这个婴儿就是刘胡兰，她从小就对黑暗的旧社会不满，有强烈的反抗精神。全面抗战爆发后，刘胡兰开始接触革命思想，逐渐明白了一个人要如何活得有价值，死得有意义。10岁那年，她积极参加村里的抗日少年团，和朋友一起给驻守的八路军送情报。有一次，八路军包围了一个敌团，刘胡兰请求前去支援。团长劝说她道："前面有战争，很危险。"刘胡兰坚定地回答："我们是女民兵，我们不怕！"随后的日子，她在前线为伤员包扎，帮助士兵运输弹药，一直忙到天黑，直到战斗结束才回家。那一年，她才13岁。同年，刘胡兰参加了中共文水县委组织的"女干部培训班"，在那里，刘胡兰认真学习革命知识，不断坚定革命信念。回到村里后，她担任了村妇救会书记，积极发动群众与地主斗争，送公粮、做军鞋、动员青年报名参军，在斗争中经受住了考验，不断成长。次年6月，因表现突出被吸收为中共预备党员，调回云周西村（今刘胡兰村）领导当地土改运动。那一年，她才14岁。

1946年6月，爆发了全面内战。同年秋，国民党军队大举进攻解放区，当地的"奋斗复仇自卫队"也疯狂反扑。文水地区革命形势十分严峻，县委决定保留少量武装人员作战，大批干部上山。当时刘胡兰也被要求赶紧撤离上山，但她自愿留下来战斗。这位14岁的女共产党员在已经成为敌占区的家乡来回奔走，秘密发动群众，配合武装队秘密处决了反动分子石佩怀，极大地鼓舞了人民的斗志。1947年1月12日，国民党军突然袭击云周西村，刘胡兰因有人告密而被捕。她平静地把三件珍贵的纪念品——祖母送的银戒指、八路军连长送的手帕和万金油盒子交给继母，随后被凶残的敌人带走了。面对敌人的威胁，她不屈不挠，大义凛然。敌人问她："你为共产党做了什么工作？"刘胡兰大喊："我什么都做了！""你为什么要加入共产党？"刘胡兰坚定地回答道："因为共产党是为穷人服务的。"敌人恼羞成怒地问道："你小小年纪就嘴硬！你不怕死吗？"刘胡兰斩钉截铁地回答："怕死不是共产党！"为了让她屈服，惨无人道的敌人用铡刀在她面前铡死了同时被捕的6名革命群众。敌人说："你说出一个共产党员的名字，我就不杀你！"刘胡兰说："我没什么可说的！"敌人说："你招供了，给你家里一块地。"刘胡兰说："你就是给我个金人，我也不说！"说完就躺在铡刀下。敌人残忍地把她铡死，那一年，刘胡兰还不到15岁。

1947年，毛泽东主席听说刘胡兰的事迹，深受感动。他亲

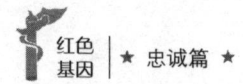

自为她题写了8个字:"生的伟大,死的光荣。"中华人民共和国成立后,邓小平为她题词:"刘胡兰的高尚品质和精神面貌将永远是中国青年和青少年学习的榜样。"江泽民题词:"发扬胡兰精神,投身四个现代化的伟大事业。"党的三代中央领导集体核心高度评价了刘胡兰短暂而伟大的一生。

62 朱克靖：一心革命，永不屈服

1945年抗战胜利后不久，蒋介石违背人民意愿，发动内战。为了减轻战争对人民的影响，中共中央尽一切可能分化国民党的部队，尤其是争取非蒋介石嫡系的部队尽快与中共合作，站到人民这一边。当时新四军一位秘书长从事统战工作颇有经验，陈毅司令便委派他去做新六军郝鹏举的工作。秘书长对郝鹏举晓以大义，详细解释了共产党的宽大政策，促使后者一度举兵反蒋，但郝鹏举反复无常，在蒋介石的恫吓下又投奔了国民党，还将秘书长抓起来向蒋介石"请功"。这位秘书长被押到南京后，敌人软硬兼施逼其投降，但他表示，要杀便杀，投降绝不可能，国民党无计可施，在1947年10月将他秘密杀害。这位英勇就义的共产党员，便是朱克靖同志。

朱克靖，1895年出生于湖南醴陵，幼时记忆力超群，1919年成功考入北京大学。当时的北京大学是五四新文化运动的发起地，各种思潮层出不穷，在李大钊、陈独秀等人的传播宣扬下，越来越多的北京大学学生开始接触并系统学习马克思主义。

★ 忠诚篇 ★

朱克靖在多次聆听李大钊的课程和演讲后，逐渐认识到共产革命是中国未来的唯一出路，遂于大三时（1922年）光荣加入中国共产党，随后被组织选拔派去莫斯科东方大学学习。

国共合作开始后，朱克靖于1925年夏回国，担任国民革命军第三军政治部主任。1927年4月蒋介石发动反革命政变，朱克靖试图说服军长朱培德放弃与蒋介石合作，但朱培德犹豫不决。朱克靖率领第三军军官教导团的士兵参加了南昌起义，与国民党划清界限。南昌起义部队撤到广东地区后，朱克靖与组织失去了联系。为了不被国民党盯上，他更名改姓，辗转各地以教书为生，日子过得甚为清苦。

全面抗战爆发后，1938年1月，新四军总部转至南昌三眼井，朱克靖激动万分，迅速与组织取得联系，对叶挺军长表示，只要有益于抗战，愿接受组织安排的任何工作。叶挺让他在新四军政治部下属的战地服务团担任团长，主要负责对外宣传共产党的奋斗理念和统一战线主张。国民党的江西省主席韩德勤是死硬的反共分子，曾令手下的李明扬等人攻击新四军，但经过朱克靖的劝说，李明扬选择与新四军和平相处，甚至让开一条通道使新四军顺利通过他的防区，建立苏中根据地，连韩德勤的叔叔韩紫石也与共产党合作。日军投降后，朱克靖担任新四军军部秘书长，随部队转移到山东从事兵运工作，不幸牺牲。

朱克靖的一生，是为党的事业无私奉献的一生。北伐时期，第三军是朱培德的滇军武装改编而成的，平时军纪很差。朱克靖为严肃部队纪律，以身作则，不坐轿子，严令部队不得强征农民入伍，不得抢夺农民粮食物资，结果第三军一路上受到老百姓的热情接待欢迎，朱培德不得不感叹，还是"共产党有办法"。1927年，朱克靖在朱培德手下做江西省政府秘书长，其兄长闻讯找来，想让弟弟给他安排个官职，被朱克靖拒绝。朱克靖不仅严守党纪，而且一生对组织忠贞不渝。他1934年前后曾经在桂林教书，白崇禧得知后极力邀请他去广西政府任职，不过朱克靖无意与国民党合作，随即离开桂林。1938年朱克靖投奔新四军时，江西省主席熊式辉还试图以金钱官职拉拢朱克靖，但也被朱克靖无视。他的修养和气节值得后人敬仰。

63 张元寿：为前线打保障

在现代化战争中，后勤工作影响正规作战部队的战斗效率和成绩：兵马未动，粮草先行，粮食是维持一个部队人员战斗力的基础；而医疗救护、卫生防疫是救治伤员、稳定军心的保障；军事装备则是一支军队是否强大的根本。这一切都有赖于后勤供应部门的妥善管理。如何成为一名称职的后勤人员？首先

张元寿

需要对组织命令的无条件服从，"哪里有需要去哪里"的奉献精神，以及优秀的物资统配能力。以这种标准衡量，张元寿无愧于一名合格的后勤将领。

张元寿，1913年出生于福建永定一个贫农家庭。1927年，张元寿在龙岩一家杂货店帮忙，认识了邓子恢等人，开始接受革命思想。其后不久，张元寿开始参加游击队从事革命活动。

1930年，他的游击队被编入红军，张元寿任连长。1931年秋，张元寿光荣入党，陆续在福建的红三十四师和三十五师任职。

张元寿在红军中主要负责财务会计和后勤工作。当时红军长期面对敌人的残酷"围剿"，减员多、伤兵多，不仅枪支弹药奇缺，粮食、衣物和药材也很紧缺。张元寿天天忙着筹集军饷，购买中西药物、军备设施和电器，甚至带领中央军委总供给部开设工厂，开展贸易活动，压力可想而知。但他总能及时地完成中央交代的任务。

长征时期，敌人一路围追堵截，红军消耗甚大，张元寿率领后勤人员在各地筹粮筹衣，扩充兵员，有效保证了红一方面军的补给。1935年10月，红一方面军一部和陕北刘志丹部在吴起镇会师，经过党中央的统战工作，被蒋介石派到陕西"围剿"红军的张学良开始与红军互不侵犯、互通有无。在此情况下，作为红一方面军总供给部财政处处长的张元寿从东北军那里购买了大量日用品，甚至不顾危险，前往敌占区购置军需物资。为了自力更生，他开设了缝衣厂，为战士制作军服，使军服不完全依赖市场购买。

1938年，张元寿奉命去江南地区新四军驻地负责军需工作。他利用去上海地区采购军用物品的机会，与上海地下党建立联系，动员大批学生参加抗日，为扩大统一战线和新四军的影响做出了很大努力。为了保证物资运输顺畅，张元寿在坚持统一战线原则的前提下，与国民党军队建立友好协作关系，打通了苏皖浙沪地区的交通线。

 ★ 忠诚篇 ★

张元寿一直勇谋兼具，在保卫工作方面也有不小贡献。1944年夏天，美军一架飞机参加完轰炸日本本土的任务后，在返航途中不慎失事，5名飞行员跳伞降落在新四军驻地，张元寿按照陈毅军长的指令，把他们安全护送到国统区。抗战后期，张元寿还兼任参谋长的职务，指挥部队打出了一系列漂亮仗，巩固了我军淮南的根据地。解放战争打响后，张元寿调入陈毅和粟裕的华东野战军担任副参谋长（负责后勤），在淮阴战役、涟水战役、莱芜战役等战役中经常在前线办公，保证物资安全准时送达一线部队，因此华东野战军副司令粟裕赞赏道，张元寿的工作让他可以安心指挥作战，"无后顾之忧"。

后勤人员虽然大多数时间不用直面枪林弹雨，但其工作强度和危险程度并不低，有时还要肩负起侦察地形和民情的任务。1947年莱芜战役后，张元寿去战场收集国民党丢落的枪炮和军事物资，不料被敌机攻击，中弹牺牲。他用18年军旅生涯，塑造了一名忠诚、敬业的军事后勤人员的光辉形象。

64 贾桂珍："巾帼不让须眉"

"黄发垂髫，怡然自乐；阡陌交通，鸡犬相闻。"人民本应如陶渊明在《桃花源记》中所说的这样，无忧无虑，幸福快乐地生活，但在战争年代，这样的生活却离他们如此遥远。

抗战时期，在河北省保定市唐县军城镇有一个江家沟村，村里有一个女英雄，她没有体验过陶渊明说的怡然自乐，也没有看到黄发垂髫的和谐，她所经历的只有与现实斗争，为革命奋斗。她就是革命巾帼英雄贾桂珍，1916年出生于延庆县（今北京延庆区）东山九里梁下的一个家境贫寒的普通农民之家。抗日战争初期，日本侵略者横行霸道，在这样恶劣的环境下，贾桂珍不惧危险，勇敢地组织本村民兵与敌人进行游击战、地雷战，积极配合八路军的行动，给日寇以沉重的打击。此外，为了使伤病员尽快恢复健康，她积极组织妇女保护伤病员，带领妇女冒着敌人的枪林弹雨，上坡下岭采集药材，想尽办法挖野菜、发豆芽、碾米、磨面，不顾个人安危，努力改善伤病员的生活。

★ 忠诚篇 ★

1942年，为了使共产党、八路军和人民相互孤立，日本侵略者实行了所谓的"固边政策"，把村民集中在"围子"里。"围子"里的生活环境极端恶劣，村民们过着非人的日子。哪里有压迫，哪里就有反抗。面对日本侵略者的残酷压榨，他们拼命反抗，最终逃出"人围"。后来在丈夫的影响下，贾桂珍走上了革命的道路。面对日本侵略者的残暴罪行，她凛然不惧，偷偷给战士送情报、送军粮。1944年，她当上了村妇救会主任。在党的领导下，她发动群众抗粮、抗税，把好粮食都藏起来，千方百计不让敌人发现。不管敌人怎样威逼，一粒也不交。1945年抗日战争胜利后，她和其他村干部带领群众斗恶霸，没收地主土地。斗争的磨炼，使她的革命意志更加坚定。1946年，她如愿加入了中国共产党，更加坚定了为革命事业奋斗的信心。

1946年，解放战争爆发，贾桂珍没有害怕，坚持在村里开展斗争。她积极联合村干部家属，组织妇女给八路军和游击队送粮食，秘密给妇女开小会，宣扬革命原则，动员村民抗敌。她还经常在墙上站岗，当发现敌人时就大声喊道："乡亲们，快跑，敌人在北方！"有时看到敌人离得很近时，她会爬上墙，挨家挨户地告诉村民们悄悄地躲起来。作为妇救会主任，无论什么时候上级来了任务，她总是积极承担，组织妇女群众为八路军做军鞋、军衣、送军粮，还给隐藏在村内的伤病员缝补衣服，拆洗被褥，做汤送饭，为战胜反动派做了充足的物资储备。在战争时期，这样的生活仿佛已经足够安宁，但是好景不长，敌人的到来打破了短暂的平静。

1948年2月6日傍晚，国民党保警队突然包围柳沟村，企图抓捕村干部。当敌人扑空后，正要离村时，一个地主婆向保警队告密，敌人转回来向贾桂珍家冲去。贾桂珍藏在柴草堆里，心里惦记着其他同志而出门打探情况时，正撞上保警队，因而被捕。敌人将她押到监狱，天天审问，严刑拷打。贾桂珍被打得遍体鳞伤，浑身是血。每次她被打得不省人事，敌人就会用冷水把她浇醒，然后继续殴打，但她坚决不屈服，没有向敌人吐露任何秘密。最终，敌人恼羞成怒，刺了她几十刀。贾桂珍壮烈牺牲，年仅32岁。

65 毛培春：忠诚的"无名英雄"

毛培春，1917年出生，江苏盱眙人，原籍安徽。他自幼聪明伶俐，上进好学，家人节衣缩食供他上学。小学毕业后，他进入医院工作，当了一名护理人员。1935年，考入国民党政府组织的军政部医务署。毕业后，他被分配到南京国民党监狱的医疗服务部，当了一名看护人员。这个监狱是蒋介石设在南京关押政治犯的集中营，专门用来迫害共产党人和进步人士。

毛培春

在监狱工作期间，他受到中国共产党员为信仰为人民不怕流血牺牲精神的影响，下定决心追随共产党。他尽其所能帮助被囚禁的共产党人和进步人士，并致力于抗日救国。

1938年年初，毛培春在共产党人和进步人士的推荐下进入陕北公学学习，因表现突出，不久便加入了中国共产党。鉴于他的特殊身份和早期经历，同年9月就被党组织派往敌占区搞地下工作，化名孟西山，以进步青年身份到山西国民党统治区做秘密工作。他先后在绥德、榆林、洛川等地从事情报工作，为党中央提供了及时准确的军事情报，向党组织报告了大批隐藏在我党内部的国民党特务名单，避免了国民党对我党和我军的破坏，为推动抗日战争和解放战争的胜利做出了巨大贡献。

1939年9月，毛培春被上级党组织派遣到国民党统治区从事秘密工作，不久便在胡宗南西安宪兵司令部谋得一份担任特高组少校参谋的差事，这使他取得了进出国民党统治区的合法身份。此后在获取敌后情报工作中，毛培春逐步成为可以左右"特联站"风向标的重要人物。后来，洛川军统特务组高层向毛培春透露了隐藏在延安华丰皮革厂的十几名国民党特务的名单，他运用特殊的方式和渠道将情报安全传递到延安，被我党获悉后，予以清除，避免了重大损失。此举既纯洁了革命队伍，又镇压了敌特破坏分子，为保卫延安起了极其重要的作用。

1943年，蒋介石集团发动了第三次反共高潮。毛培春亲临前沿阵地核实军情，察看地形，把绝密情报立即送出，使我军全歼了进犯之敌，取得对敌伏击战的彻底胜利。1947年3月，胡宗南集结23万人策划攻打延安，毛培春准确地得到了进攻延安的军事部署，将重要情报送到延安，给党中央制定保卫延安的正确方针提供了可靠依据。中共中央于3月19日上午主动撤出延安，诱敌深入，伺机歼灭了众多来犯之敌。

令人惋惜的是，从未暴露身份的毛培春却死于一场事故。

 ★忠诚篇★

1948年4月中旬,毛培春遵照延安保安处"随敌溃退,继续坚持工作"的指示,跟随胡宗南第十七师最后撤出延安。4月27日行至白水县石头村时遭到伏击,国民党飞机轰炸解放军,误炸了自己的部队,毛培春不幸中弹牺牲,年仅31岁。直到毛培春同志牺牲,他的家人才知道其共产党员的身份。

在革命战争年代,像毛培春这样的地下工作者有很多,他们默默无闻为党的革命事业奉献了自己的一切。

66 何雪松："似雪纯洁无瑕，似松坚韧不拔"

何雪松，1918年出生在四川高县一个书香门第，其父是闻名川南的书画家。1932年，他从高县罗场小学毕业后，考入县城叙南中学。何雪松为人刚毅，善于独立思考，勇敢直言，敢于同邪恶势力做斗争。1934年，何雪松加入共青团，在同学中秘密传播革命思想，分发进步书籍，积极参加各种革命活动。高中毕业后，何雪松积极投身到宣传革命思想和坚持抗战中。他反对乞讨投降，与国民党第三青年团特务学生进行了针锋相对的英勇斗争。

1938年武汉沦陷后，何雪松迁居桂林，在临桂县（今临桂区）中学任国文教师，与当地抗日宣传队并肩作战。他利用论坛积极宣传新文学思潮，介绍高尔基、鲁迅和当代进步作家、诗人及其作品。组织学生办墙报、搞歌咏比赛、排戏等，支持学生参加抗日爱国运动。1946年赴重庆担任进步刊物《五总》的总编辑，经常向进步作家邀稿，宣传革命思想。同年7月他前往成都，与李荫枫等共产党人取得联系，准备发动革命群众

 ★ 忠诚篇 ★

举行武装起义，以配合人民军队解放四川。不幸的是消息被泄露了，组织要求他立即撤离。但家里有重要文件需要销毁，他必须回家。何雪松心里很明白，这次行动是九死一生。1947年10月9日晚，何雪松正在自家院子里用火钳搅动火盆里燃烧着的秘密文件时，突然一群不速之客闯进院子，领头的特务抢走了火钳，此时文件已经化为灰烬。特务头子气急败坏，只能将何雪松逮捕。他被关进了阴冷彻骨的重庆白公馆。在监狱中，他拒绝敌人的威胁和引诱，严词拒绝"投降释放"的条件，坚决保守党的秘密。后来，何雪松被押送到"人间地狱"渣滓洞，遭受了非人的折磨，但他并没有停止战斗。他与监狱里的狱友们用笔作为武器，写诗文，互相鼓励。他为人正派，刚正不阿，被推为室长。1948年11月，何雪松和其他难友一起，秘密创办并组织了"监狱诗社"，利用户外活动的短暂时间，到各个房间联系喜爱诗歌的难友。他写了《灵魂颂》等革命诗词，把他对祖国的热爱、自由的向往和革命胜利的喜悦以及对敌人的仇恨都倾注在了诗句中。

1949年10月24日，他和李子伯等人被国民党军法署提审，敌人企图以"共匪"罪名将他们枪杀。在审判席上，他们否认了"武装暴乱"，法官只能判他们无罪。本该被无罪释放，敌人却将他们送回渣滓洞继续拘留。1949年11月27日深夜，渣滓洞监狱天寒地冻、阴冷彻骨，敌人又增加了岗哨。此时新中国已经成立，重庆很快就会解放，将要弃城而逃的特务以转移的名义分批释放了大量囚犯。何雪松平静地躺在冰冷的地板上，哨声响起,吼声传来,打破了夜晚的寂静。有人来转移他们,他知道最后的时刻到了。"如果我们死了,你们这些强盗也活不长了!"这是他对敌人说的最后一句话。当特务走进内院时,又是一声哨响,无数的子弹射进了牢房。他受了重伤,摔倒在监狱门口。但是他挣扎着站起来用身体挡住了子弹,他的室友等人才幸免于难。

面对生与死,何雪松毅然选择了把死的危险留给自己,把生的希望留给别人。他没有等到重庆解放,而是用他的血肉之躯,让幸存的人们迎来了胜利的曙光。新中国成立后,他被追认为中国共产党正式党员。

67 何敬平：扭转颠倒的乾坤

在阴冷彻骨的渣滓洞中，触目所及的是生着锈的铁栅栏、令人生畏的老虎凳以及满地浸润的血迹，这座人间地狱让人心惊胆战。"为了避免下一代的苦难，我们愿意把牢底坐穿！"何敬平铿锵有力地喊着。这一声声呐喊，喊出了他的信仰，也喊出了共产党人的决心。

何敬平，1918年出生于四川巴县（今重庆巴南区）一个贫苦家庭，自幼聪敏好学。青年时期凭借自己的努力考上了国民党的军校。他胸有大志、忧国忧民，怀着满腔的报国热情，毕业后加入国民党部队，在政治处从事抗日宣传工作。1941年，皖南事变让他真正认识到国民党消极抗日、积极反共的本质，他十分愤怒，毅然决然离开了国民党部队。不久他进入重庆电力公司当会计。1945年2月，在中共南方局王若飞的直接领导下，重庆电力公司在全市范围内开展了以工人阶级为主的争取人权和民主的群众革命斗争。何敬平和他的同事们积极参加了这场斗争，并光荣地加入了中国共产党。

1945年，反特防暴运动轰轰烈烈地进行，他心情沉痛地向普通群众揭露国民党反动派的恶行。后来，他创立了"怒吼剧社"，并以此为基地与人民群众进行充分的接触和交流。通过这个剧社揭露反动派的丑陋面目，以此推动反特防暴运动的发展。1946年1月，国共两党在重庆举行政治协商会议，中共代表团代表王若飞在群众大会上讲话，但令人没有想到的是，国民党反动派派出多名特务潜伏在人群中，伺机破坏，铺天盖地的石块和杂物飞向主席台。在主席台下的何敬平见状不顾自身的安危，一个箭步冲上主席台，用自己的身体护住王若飞。他身上多处受伤，但是看到王若飞平安无事，心里特别开心，他说："我受这点伤很值得。"

　　1948年4月5日，因叛徒的出卖，何敬平被敌人抓进了渣滓洞。在这座人间地狱中，何敬平受尽折磨，但是他仍然没有放弃斗争，也没有屈服于敌人的摧残。相反，他依然保持革命乐观主义精神和对组织的忠诚之心，与狱中其他同志成立了"铁窗诗社"。为了激发朋友们的斗志，他满怀激情地写下了诗歌《愿把牢底坐穿》。这首诗气势恢宏，刚猛有力，充满了崇高的革命理想和坚强的革命意志。当时的狱友周宗谐为之作曲，与其他人在狱中放声演唱。这首诗歌有力地鼓舞了难友们的战斗精神，激励他们不屈不挠地开展了艰苦顽强的狱中斗争，直到牺牲。

　　1949年11月27日，重庆即将解放，这时敌人已经到了丧心病狂的地步，对何敬平所在的渣滓洞集中营展开了大屠杀。

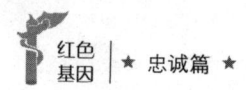 ★ 忠诚篇 ★

何敬平牺牲时年仅 31 岁。岁月匆匆而过,但是我们不会忘记渣滓洞集中营中那声铿锵有力的呐喊:"为了避免下一代的苦难,我们愿意把牢底坐穿。我们生来就是叛逆者,所以一定要把这颠倒的乾坤扭转过来!"这呐喊道出了共产党人的初心和信仰。

68 陈修良："巾帼岂无翻海鲸"

有些女子，也许无法给人"一眼惊艳"之感，再次望去，却不禁让人为之动容。陈修良便是这样的女子。她常身着旗袍，素雅玲珑，并无半点浓妆，谈笑自如，清淡之中，自有一种高雅气质。白嫩的脸庞，漆黑的双瞳，柔顺的短发，秀美温文，与她相对，如沐春风，如饮醇醪。

陈修良1907年出生在宁波的一个书香门第。她追求上进，学习努力，吃苦耐劳。少年时期，她跟随当地著名的书法老师沙孟海学习书法，因天资聪颖，很受沙孟海喜爱。15岁时，考入宁波女子师范学校，她谨记母亲的教导，认真学习。她的国文成绩极其优秀，也是共产党人创办的新学会社书店的常客。五卅运动爆发后，陈修良被推荐为学校代表到学联去参与革命活动。1926年，陈修良加入了中国共产主义青年团，表现优异，后来成为中国共产党第一任妇女部长向警予的秘书。加入共青团不久，她又考入了上海的国民大学，下半年转到广东大学中文系学习。在学校里，她深受《中国青年》等进步刊物的影响，

毅然决定投身革命，在大革命高潮时期加入了中国共产党。

抗日战争结束后，解放战争很快打响，斗争经验丰富的陈修良被派往南京开展工作。1946年3月，陈修良任中共南京地下市委书记。"男儿一世当横行，巾帼岂无翻海鲸？欲得虎儿须入穴，如今虎穴是金陵！"这是她丈夫在她前往南京开展秘密工作之前写给她的诗。正如诗中所写，勇敢、足智多谋的陈修良深入虎穴，在老虎的眼皮子底下拔掉了老虎的牙齿。当时的南京是一座充满白色恐怖的城市，多位共产党员在此地开展工作之时被敌人残忍杀害。但是陈修良并不惧怕，她深知情报对于战争的重要性，因此秘密建立了南京情报系统和南京地下策反系统。这两个绝密系统的相关地下党员都是由陈修良单线联系的，她比其他任何人都了解这两个系统。

1947年，南京学生在南京市委和陈修良的领导下开始了"反内战""反饥饿"的大游行。军队和警察的镇压激起了学生的愤怒，更多的学生加入了游行斗争，纷纷谴责声讨军队和警察的暴行。1949年4月上旬，随着渡江战役的临近，陈修良接到了党中央的紧急任务，要她帮助解放军筹集渡河船只。接到命令后，陈修良立即行动起来。当晚，在她的精心策划下，下关电厂地下党支部组织工人驾驶两艘运输船、三艘巡逻艇和多艘轮渡公司的大小动力船驶向浦口。4月21日凌晨4点，三十五军15000余人已全部渡河，占领了总统府。自此，南京解放。作为党的历史上第一位大城市的女市委书记，陈修良在敌人的眼皮子底下掀起了一股汹涌的浪潮，书写了一段巾帼不让须眉的人生传奇。

就是这样一位不起眼的温文尔雅的小女子,为南京的解放做出了巨大的贡献。在"女子无才便是德"的思想熏陶下,大家闺秀一般都不外出读书。但陈修良性格坚强,突破了陈旧规矩以及落后思想的束缚,在"虎穴"拔牙。"谁说女子执针线,看我巾帼布阵局。"陈修良用自己的一生诠释了女子的旗袍与温柔也可以为国而战,为党而战。换句话说就是:女子本弱,为国则强。她用忠诚书写了解放南京的壮丽史诗。

69 张克侠：潜伏敌营 20 年的"特别党员"

在我军历史上，不乏英勇善战的名将，面对枪林弹雨无所畏惧。但是，还有一类军人，他们潜入国民党军队内部传播共产党的革命理念，策动部队抗日救亡，这种功劳同样值得我们铭记。张克侠的事迹便颇有代表性。

张克侠 1900 年出生于河北。由于父亲笃信基督教，他从小便在教会

张克侠

学校就读。1915 年的"五九国耻"引发了全国性的抵制日货运动，参与其事的张克侠深深感受到国家军事力量的薄弱，随即决定投笔从戎，1922 年进入保定军校，与董振堂、何基沣成为同学。

毕业后，他们都来到了冯玉祥部队任职（冯玉祥与张克侠是连襟）。国民党召开一大拉开了国共合作的帷幕，张克侠远赴广州担任军校教官。这一时期他初步接触了革命思想，多次

劝说冯玉祥参与国民革命，与国共两党合作。北伐开始后，张克侠回到冯玉祥部队，在张自忠部就职。

不久，张克侠远赴莫斯科中山大学学习，与不少共产党员成为至交好友，逐渐意识到共产主义的道路才是救治中国落后状态的良方，于是他正式申请加入中国共产党。组织上考虑到当时的国内形势（1928年7月至8月，正是国共合作破裂后，白色恐怖异常严重的时期，冯玉祥又站在蒋介石那边），决定让他先回国从事地下工作。1928年，中共中央正式批准张克侠为特别党员（非公开性质）。他依然在张自忠手下任参谋长，跟随西北军辗转各地，及时将所得情报汇报给党中央。

1933年，张克侠担任察哈尔民众抗日同盟军高参，成功收复察东四县。但部队随后在日伪军和国民党军队的夹击下失败。随后，张克侠来到宋哲元的二十九军任副参谋长。七七事变爆发后，张克侠一再力劝宋哲元坚决抗战，否则将成为民族罪人，并连夜拟定作战方案。然而宋哲元却迟疑不决，最后贻误了战机，宋哲元决定放弃北平南撤，去南京请求处分。

武汉会战前夕，中共中央决定由叶剑英当张克侠的直接联系人，张克侠奉中央指示再次到张自忠部任参谋长。在张克侠的坚持和规划下，第五十九军在临沂会战中歼敌数千人，为台儿庄的胜利吹响了号角。

抗战胜利后，蒋介石决定利用武器和人数优势镇压共产党，张克侠想尽一切办法策反西北军将领，给他们介绍共产党的政策，说服他们接受和平路线，率部起义投奔解放军。1948年，他利用

 ★ 忠诚篇 ★

担任徐州"剿总"守备指挥官职务的机会,把当地国民党军队布置情况和地图秘密交给了陈毅部队。淮海战役打响后,张克侠和老同学何基沣(中共地下党员)抓住时机,率领国民党五十九军和七十七军的主力投奔解放军,给蒋介石当头一棒。不久,国民党在淮海战役后兵败如山倒,基本失去了对长江以北的控制。

张克侠在西北军做兵运工作期间,坚决执行党的指令,周旋于冯玉祥、张自忠、宋哲元等人之间,力主对日抗战,反对妥协,并多次利用地形条件,调兵布阵,打败敌人,尤其和张自忠的配合默契无间。值得一提的是,张克侠还是出色的教育家,在办理军校、培养革命干部方面不遗余力,既扩大了共产党的影响,也为抗战培养了人才。张克侠时常借工作之便,尽可能往部队里安排共产党人。1938年,张自忠的二十七集团军减员不少,派张克侠召集青壮年训练入伍,张克侠便向组织请示,党中央随即派来一些教官和学生进入部队。这一方面确保了抗日民族统一战线不动摇,一方面也起到了稳定军心的作用(张自忠和宋哲元在抗战初期一度非常消极和失望)。抗战时期,国民党的部队装备稍好一些,张克侠便设法通过地下党员把一些药品和军事装备送给新四军。

1948年11月6日,淮海战役正式打响。解放军华东野战军计划率先歼灭驻扎在碾庄的黄百韬兵团,然而部署在贾汪的国民党第五十九军和第七十七军挡住了部队的南下之路。国民党军多个兵团正在向徐州集结,敌众我寡,战机稍纵即逝。此时的徐州城内,风声鹤唳。"剿总"司令部门前重兵把守,如临大敌。张克侠迎来了一生中最为焦虑的一天。

不久前，张克侠将一份《徐州城防部署图》递送解放军，中共中央派人秘密抵达徐州，与张克侠商量与解放军配合的具体办法。根据党中央指示，张克侠必须尽快争取国民党第五十九军和第七十七军起义，为战局抢得先机。可偏在这个关口出了变故，作为起义的主要策划者和领导者张克侠突然被调离部队，赴徐州"剿总"司令部开会。会议期间，他多次提出要赶回前线指挥作战，却被上司冯治安以各种借口拒绝。

8日凌晨1点，张克侠提出，继续开会是徒劳无益，不如让大家先回去休息，天亮再议，获得了大多数与会将领的赞同，会议这才结束。凌晨4点，趁着大家都在熟睡，张克侠悄悄叫醒司机。他们乘坐一辆吉普车，突破守备森严的警戒，冒死向贾汪驶去。上午8时，张克侠终于赶回部队。

1948年11月8日10时整，张克侠、何基沣率第五十九军全部、第七十七军大部共23000人，在贾汪、台儿庄地区宣布起义，敞开了徐州的东北大门。解放军势如破竹、直捣徐州，国民党军上下混乱、惊恐动摇。

贾汪起义宛若惊雷乍响，拉开了这场伟大战役胜利的序幕。对于这次起义，毛泽东给予了高度评价，他在给淮海战役总前委的电报中指出："北线何、张起义，是淮海战役第一个大胜利。"

敌营20年舍生忘死，一次次出色完成党托付的重任。危机面前的化险为夷，映照的是共产党员的大智大勇；艰险时刻的挺身而出，彰显的是他对党的赤胆忠诚。张克侠用他的坚定执着，为中国革命建立了无声的功勋。

70 王文：红色电波铸忠诚

一部《潜伏》，演绎出"余则成"用热血映红黎明的传奇故事。像电视剧《潜伏》的主角一样，红色特工王文和王凤岐夫妇，在什刹海发出了永不消逝的红色电波。

1942年，王文、王凤岐受中共中央晋察冀分局社会部平西情报交通联络站安排，到什刹海银行设立平西情报站，收集情报。由于没有现成的电台，需要自己组装，为此王文耗费数月时间在城内四处奔波，购买零件，并利用他的专业知识来组装。由于经费不足，王凤岐开始养鸡，既能补贴家用，又能趁喂鸡时，随时观察附近是否有异常情况，充分保证发报的及时性和安全性。每日每夜在敌人眼皮底下发报，这样的生活如履薄冰，危险是可以想象的，一点点轻率的举动都有可能导致无法挽回的后果，甚至牺牲。王文是一个胆大心细的人，为了躲避日伪情报侦察站的监视，他经常在后半夜抓住间隙向晋察冀社会部无线电部发送信息。每逢月黑风高之时，王凤岐穿上特制的软底布鞋，避免走动时发出声响惊动敌军眼线。不仅如此，王文还用棉垫把发报小屋的窗户全部堵上，把一个2.5瓦的灯泡套在一个双层红色绸缎口袋上，从什刹海的岸边向基地发送情报。就这样，什刹海岸边的红色无线电波，飞越古城到了平西。日本宪兵和汉奸侦缉队绞尽脑汁地四处搜捕王文和他的秘密电台，最终却无计可施、一无所获。

1943年8月7日，王文的朋友叶绍青匆忙赶来，通知他们把电台藏起来，立即撤离。就在前天，日本宪兵截获了阜成门的一个秘密电台，当时王文与他的秘密电台时刻处于巨大的危险之中。在夜幕的掩护下，王文和王凤岐偷偷地把发报机藏在北院深处的一个煤油桶里，并砌上花池以作掩盖。晚上9点，王凤岐不顾生命危险，在敌人的监视下，把改装过的无线电收发机秘密护送到东四十一胡同的西路口，交给地下交通官员黄云。随后，王文撤到位于河北阜平史家寨的中共中央晋察冀分局社会部机关，王凤岐在北平继续潜伏，直到抗战胜利。

解放战争时期，王文又多次转战北平西城并从事地下电台工作。1947年，在王文的珍贵电报的帮助下，人民解放军在清风店地区消灭了国民党军17000多人，活捉了中将军长罗历戎和许多其他国民党高级将领。清风店大胜之后，聂荣臻司令赞道："王文的电报当真是如虎添翼。"凭借这份电报，国民党武装力量溃不成军，节节败退。朱德总司令非常高兴，赋诗一首，以表祝贺。随后，王文还发出了重要情报，内容涉及石家庄国民党军队兵力空虚、矛盾重重、增援缓慢，建议攻打石家庄，为石家庄的解放做出了杰出的贡献。

 ★ 忠诚篇 ★

王文夫妇二人在没有硝烟的敌后战场，用热血和生命诠释了对党的赤子忠心，演绎着惊心动魄的生死对决。他们将对党的无限热爱化作一行行电报，在字里行间融入身为共产党员的牺牲与奉献精神。

71 冀朝鼎：在金融战线上潜伏20年的情报专家

在我党情报战线上，有一位拥有博士学位的党员，他利用自己在经济学方面的特长，在美国政府和国民党政府相继潜伏20年，为党组织提供了大量内部情报，沉重地打击了国民党政府的反动统治。他就是冀朝鼎。

冀朝鼎，1903年出生于山西汾阳的一个官绅家庭。冀氏家族是书香门第，族人多是高级知识分子。冀朝鼎13岁考入北京清华学校（相当于留美预科班），1924年赴美留学，在芝加哥大学和哥伦比亚大学分别取得法学和经济学的博士，成为当时中国罕见的双博士。

冀朝鼎在刻苦学习的同时不忘关心时事，在北京读书期间参加了五四爱国运动，创立社团，出版刊物，还曾受李大钊指导，接触了马克思主义。出国留学时期，冀朝鼎担任中国留学生会的会长，1927年光荣加入中国共产党，次年参加在莫斯科举行的中共六大。

1929年，周恩来安排冀朝鼎再次赴美。在此期间，冀朝

鼎在美国广结人脉,与财政金融部门的官员过从甚密,有些人甚至被他发展入党,就连美国总统罗斯福的助手也深受冀朝鼎的影响。由于他精通英语,学养深厚,在金融领域名气很大。1940年,冀朝鼎经人介绍回到重庆,得到他的老乡、国民党"财神爷"孔祥熙的充分信任,经后者介绍,冀朝鼎相继在国民政府的外汇部门和中央银行工作,与周恩来(八路军驻重庆办事处)同处一地,直接受周恩来的领导。尤其是解放战争时期,冀朝鼎广泛参与了国民政府各类经济政策的拟定、颁布工作。

1946年,蒋介石倒行逆施挑起内战后,军费超支,国统区通货膨胀空前严重,甚至超过了抗战时期,导致商品价格飞涨,一物难求,百姓困苦不堪。蒋介石为摆脱困境,延续反动统治,1948年夏发行金圆券,回收法币。在此期间,阴险的蒋家父子让大批百姓拿出手中仅存的少量黄金白银硬通货来兑换金圆券。

不过,金圆券若要币值稳定,需要国民党的盟友——美国人的财政支持,然而让国民党没想到的是,冀朝鼎利用自己在美国金融界的关系,成功说服美国总统杜鲁门和国际货币基金组织拒绝为金圆券提供担保和支持。结果金圆券一开始就严重超发,通货膨胀的局面没有丝毫改善,国民党除了通过"合法"手段劫掠百姓家藏的金银,运往台湾以外,并没有实现为反动政权续命的目的。金圆券发行一年后,国民政府覆灭,蒋介石狼狈逃往台湾。

冀朝鼎在国民政府潜伏时期,有好几次被"中统"特务盯上,身份差点暴露,但他屡次化险为夷,继续为党提供有价值的情报。新中国成立后,冀朝鼎在经济领域继续为党和国家的建设奉献力量,1963年因脑出血在北京逝世。周总理亲自参加追悼会,在悼词中对冀朝鼎的贡献做了充分肯定。

72 杨根思：铮铮铁骨护中华

这是一张陈旧的黑白照片，照片上的男人有清瘦的脸庞，高挺的鼻梁，剑眉星目，平视前方。他庄重冷峻，沉着内敛，饱含军人气质，一头短发，配上他那坚毅的脸庞，显得干净利落。这就是特级战斗英雄——杨根思生前拍过的一张英姿飒爽的照片。

杨根思

1922年11月6日，杨根思出生在江苏泰兴一户贫苦农民家庭。杨根思8岁成了孤儿，10岁当了放牛娃，12岁随哥哥到上海的地毯厂做童工。1941年地毯厂关闭，他回乡后重操旧业，再次给地主家做"牛倌"。

1944年2月初，杨根思参加新四军。2月22日，杨根思首次参与作战，攻打伪军据点。他用长矛刺进了敌人的心脏，并缴获了第一杆枪。在后面的战斗中，他都奋勇冲锋，战功累累。

1945年11月，杨根思加入了中国共产党。1946年在攻打泰安天主教堂的战斗中，杨根思用18颗手榴弹攻下了全城的制高点——天主教堂。战后，杨根思获得了"战斗英雄"称号。

1950年10月，抗美援朝战争打响，杨根思作为一名中国人民志愿军战士奔赴朝鲜前线，那年他才28岁。11月，在咸镜南道围困美军的战斗中，杨根思奉上级组织命令带领一个排的战士扼守东南小高岭，切断美军南逃的退路。当月29日，美军向小高岭发起了猛烈进攻，刹那间，炮火轰鸣、硝烟弥漫。杨根思当机立断，迅速安排同志抢修工事，随时做好应战准备。为了成功打击敌人，他命令部队等美军靠近到30米时再进行反击，在他的带领下，战士们将装备精良的美军成功打退。随后，美军加大了兵力，使用了更加精良的装备，又一次发起了进攻。杨根思凛然不惧，他指挥战士英勇作战，使用刺刀、枪托、铁锹等与敌人展开搏杀。战士们受到鼓舞，一个个悍不畏死，勇敢地冲上前，用手中的大刀与敌人殊死搏斗。一个战士倒下了，另一个又冲了上去，一个又一个，战士们没有一个退缩。全排同志们放手一搏，以令人难以置信的毅力和勇气阻挡了美军的8次进攻。手榴弹投尽了，子弹也打没了，阵地上只剩下杨根思和两名伤员。这时，疯狂的美军又爬近了山顶。危急关头，杨根思没有丝毫犹豫和退缩，抱起身边仅剩的一包炸药，拉燃导火索，纵身冲进了敌群，轰的一声，刚爬上阵地的美军还没有反应过来，便被炸飞了。杨根思英勇捐躯，与敌人同归于尽。他倒下了，满地的鲜血染红了整个大地。

 ★ 忠诚篇 ★

杨根思携全排战士战斗到最后一刻，用自己的生命执行党给予的任务，以顽强的意志和战斗到底的决心，打出了中国军人的大无畏气概，诠释了视死如归的战斗意志，也极大震撼了美军。"只要有我们的勇敢，就没有敌人的顽强！"多么令人震撼的话语！那些在风雪严寒和枪林弹雨中勇往直前的战士，用自己的生命诠释了中国军人的铮铮铁骨。战后，杨根思被授予"特级战斗英雄"称号，其所在连队也被命名为"杨根思连"。"不相信有完成不了的任务，不相信有克服不了的困难，不相信有战胜不了的敌人。"杨根思的英雄宣言，也成为其生前所在部队永久传承的精神力量。

江苏省泰兴市杨根思烈士陵园大道的中央，手抱炸药包、怒视敌方的杨根思雕塑矗立着。一身戎装，怒视敌人，左手紧紧攥着拳头，右手紧紧抱着炸药包，脚下是侵略者的钢盔，眉宇间大无畏气概尽显，令人震撼。好一个中国军人，这身躯挺拔如松，仿佛随时准备献身疆场。

73 柴云振："国民党壮丁"出身的志愿军战斗英雄

为何共产党员对组织如此忠诚？其中一个原因是共产党的政策深得民心，有能力领导积贫积弱的旧中国走向独立富强。在同样的历史条件下，国民党是无法做到这些的，因此他们最后败退台湾，也是失去人民支持的必然结果。柴云振的人生经历，深刻体现了国共两党在理念和政策上的巨大差距。

柴云振，1926年出生于四川岳池一个清寒的农家，生父因逃避抓夫流落他乡，他被寄养在一个木匠家里，从小给人打工。在他20岁那年，蒋介石撕毁"双十协定"，派兵进攻中原解放区，挑起了内战。为了尽可能补充兵员，国民党沿用了抗战时期的抓壮丁政策，在各地农村强拉青壮年男子入伍。柴云振在抗战时期就因为躲避抓壮丁从老家跑到重庆，如今却又被抓进国民党军队当伙夫。

蒋介石打内战需要抓壮丁和加税，这让百姓身上的经济压力沉重，苦不堪言；另一方面，国民党军纪败坏，对民众无恶不作，部队内部上级殴打辱骂下属是家常便饭，连津贴都要克扣。柴云振目睹了国民党内部腐败黑暗的现象，无心为其效命，便在1947年和几个同乡脱离国民党的部队，投奔解放军。1949年渡江战役时期，柴云振发挥自己擅长凫水的优势，操作木船运送士兵完成了渡江任务，荣立二等功，并于同年入党。

1950年朝鲜战争爆发，柴云振参加志愿军，越过鸭绿江抗击美军，被编入秦基伟率领的十五军（黄继光和邱少云也是十五军的战士），并担任班长。1951年5月，抗美援朝第五次战役结束后，志愿军向北转移，而敌人则纠集机械化部队展开追击。当时我军虽然取得了第五次战役的胜利，但是部队伤亡较大，战线拉得太长，在敌人的疯狂反扑下，局势顿显危急。朴达峰山区是双方争夺的重要阵地，从5月28日开始，"联合国军"就借助武装优势猛烈攻击，以死伤千人的代价一度占领志愿军前线的两个山头。若防线再度被打破，那么志愿军的东线主力和后勤部队将十分危险。千钧一发之际，柴云振率领3名战士奉令发动反击，迅速夺回两个山头。但此时敌人爬上另一个较高山头，准备搭起掩体，向我军猛烈开火。柴云振意识到如不快速抢占这个山头，我军就难以继续发动攻势。他没等后援部队赶到，便在战友的掩护下，从我方阵地冲向敌人的高地，迅速捣毁了敌人的指挥所并打死4个敌人。最后子弹打完了，又从战壕里爬出一个敌人死死抱住柴云振。本来柴云振想拉开手榴弹和敌人同归于尽，但被对方发现，把手榴弹夺去扔走，随后两人打作一团，柴云振右手食指也被敌人咬断，摔倒在地。恰好他发现身边有一支枪，迅速抓起枪击毙了敌人，自己也晕了过去。

　　朴达峰战役中，柴云振所在的十五军四十五师一三四团第三营的战士几乎全部牺牲，柴云振和战友攻克了对方3个高地，他一人便击毙了十几个敌人。志愿军总政治部在1952年授予柴云振特等功臣、一级战斗英雄的称号。但他没能前来接受这一荣誉。

　　原来，柴云振在这次战役里身受重伤，虽然立刻从战场上被送到医院抢救，但依然长期处于昏迷状态。当时通讯不发达，不少战士文化水平不高，很多部队的战士名册都会有错字或遗漏，大家始终没有找到柴云振，都以为他牺牲了。其实柴云振在医院疗养一年后，自己办理了出院手续，复员回到岳池老家务农，从未提及自己的这段经历。20世纪80年代，柴云振在十五军的老首长、时任国防部部长的秦基伟上将经过多方打听，终于找到了柴云振，并设宴招待。随后金日成邀请柴云振以志愿军战斗英雄代表团成员的身份访问朝鲜，称赞他是"活着的英雄"。

74 | 孟用潜：
不在党内依然为党工作

孟用潜是一位在白区从事地下工作的优秀党员，因为中国共产党早期王明"左"倾错误路线的影响，孟用潜一度遭到冷遇，甚至被开除党籍，但他对党组织依然忠心不改，尽自己的一切力量为党的事业服务，最终重新回到组织。

孟用潜，1905年出生于河北的一个教会家庭，父亲是传教士，后来举家赴京。受家庭影响，孟用潜从上学直到1921年入燕京大学，都是在外国人办的教会学校就读。这种学校一般比较封闭保守，然而北京毕竟是新文化运动的桥头堡，国外各类新思潮的火种很快传播到燕京大学，孟用潜在燕大已经初步接触到马克思主义理论。

但是，孟用潜真正成为一个马克思主义者，是在1926年南下广州以后。面对国家的内忧外患，他内心一直充满浓厚的爱国主义热情，时刻在思考走什么样的路可以救中国。当时的广东地区，国共合作开展了工农运动和北伐，革命风潮遍布岭南，孟用潜当即决定辞去教会机构的工作，成为一个革命者。

1927年孟用潜参加北伐军，跟随部队打到长江流域，但孟用潜并不认可国民党的理念。在1927年4月蒋介石"清党"以后，武汉地区风声鹤唳，孟用潜主动前来武汉工作并光荣加入中国共产党。汪精卫背叛大革命后，国共第一次合作彻底破裂，孟用潜参加南昌起义，坚决听党话、跟党走。

1928年中共六大后，孟用潜赶赴东北地区，在时任中共满洲省委（1927年至1936年中国共产党在东北设立的最高领导机构）书记的刘少奇手下负责人事工作，其间两次被军阀抓捕，尤其第二次在哈尔滨，敌人对他用尽酷刑却无法套出一句有用的口供，便让他戴着脚镣在监狱服刑。后在党组织的运作下，孟用潜成功出狱，赴西北地区从事兵运工作。孟用潜对组织忠贞不贰，他在工作中坚持实事求是，反对不切实际的"左"倾路线，先后得罪了红二十六军政委杜衡（1933年7月被捕叛变）和王明，最终在1934年被开除党籍。

孟用潜虽然遭受不公，但他并未放弃自己追求的共产主义理想，也对党组织的自我修正能力充满信心。全面抗战爆发后，孟用潜曾从事文书、新闻翻译工作协助反法西斯宣传。当然，他最突出的贡献在于潜入重庆中国工业合作协会。这个组织有红色背景，在国统区各地都有办事处，孟用潜借到各地视察之机广泛宣传抗日救国理念，协助开展工人运动，并成功地将工业合作协会获得的一些国际捐款、医疗器械运往解放区。孟用潜的活动遭到国民党特务的嫉恨，即使孟用潜此时已经不是中共党员，但他的活动依然受到限制，不得不脱离

 ★ 忠诚篇 ★

工业合作协会。

延安整风运动后,党中央彻底清算了王明"左"倾路线错误,了解到孟用潜被"开除"党籍十多年来,一直为党兢兢业业工作的事迹,在1946年恢复了孟用潜的党籍。

75 周智夫：以初心报党恩

在江苏睢宁，有一个安静祥和的小村庄。村里有一位残疾的老人，他每日坐在大门口，笑迎着过路的村民。在他的右肋部，有一条长长的伤疤，虽然看起来有些吓人，但村民们并不感到害怕，甚至发自内心地敬佩这位老人。说起这道伤疤，就要追溯到枪林弹雨的战争年代了。

1946年4月的一天，一阵密集的枪声从城外传来，惊动了整个县城，一场惊心动魄的抢粮斗争爆发了。面对敌人的枪林弹雨，战士们节节后退。忽然，一位年轻的小战士冲了上去，冒着敌人的炮火，死死地守卫着军粮。战士们被感动了，纷纷冲了上去，在小战士的鼓舞下，一鼓作气将敌军打败。粮食保住了，小战士却受了重伤，一颗子弹无情地穿过了他的身体。战斗结束后，党组织克服重重险阻，冒着危险辗转7次为这位战士救治，最终他保住了生命，却永久地留下了一条触目惊心的疤痕。这位勇敢护粮的年轻小战士就是周智夫。他认为是党给了自己第二次生命，是战友们的牺牲换得了自己的新生，一

★ 忠诚篇 ★

辈子始终不敢懈怠，对党的事业无比忠诚。

周智夫，1924年出生于江苏睢宁，自幼上进好学。1943年9月，19岁的周智夫加入了中国共产党，第二年便参军入伍，从此开始了自己的军旅生涯。他先后经历了抗日战争、解放战争，一次次冒着炮火前进，一次次重伤而归。他常说："我这条命是党给的，没有党就没有我们这一家子。"伤痕见证了党对革命同志的永不放弃和周智夫对党的无限忠诚，也见证了革命同志之间的深厚友谊。每当有人听到这个感人的故事，都会问他是否值得，周智夫从不犹豫："能为人民流血，是一生的光荣。"

为了革命工作，周智夫先后被跨省调动4次，其部队整编10多次，工作变动20多次，但他从来没有抱怨，始终身先士卒。有的人说他这是愚蠢，不知道为自己争取好处，为此，周智夫始终这样回答："革命军人四海为家，党叫干啥就干啥。"因为搬家比较频繁，周智夫一家的生活条件变得越来越差，面对家人的抱怨，周智夫始终没有后悔。"必须听党话、跟党走"始终是周智夫的人生信条。周智夫征战一生，军服始终陪伴着他。每逢正式场合，他都要穿上30多年前的那身军装，虽然已经褪了色，但依然整整齐齐。"对党知恩感恩，就涌泉相报，向党交党费拾贰万元人民币"，身患重病的他没有想到自己，想到的只是对党的忠诚，对党的感恩。

暮年的周智夫，家国情怀愈发强烈。1998年国庆节期间，他和家人参观了天安门广场，广场上的工作人员免费为他们提供了两面小国旗。直到今天，两面小国旗仍然完好无损地摆在家里的客厅中。有一次，三女儿到香港旅行，回来时给他带了一款纪念香港回归祖国20周年的紫荆花音乐盒，这让周智夫爱不释手，不单单是因为纪念香港回归，更是因为每当打开这个音乐盒，中华人民共和国的国歌就会徐徐传出，就会让他回忆起过去的苦难，感受到祖国如今的繁荣。热爱国歌，珍惜国旗，忠于国家，爱国主义情怀深植在周智夫的心中。

76 吴石："要知松高洁，待到雪化时"

1947年4月一个阳光灿烂的中午，上海华懋公寓中，中共中央上海分局书记刘晓正在静静地等候着一个人的到来。不久，一位操着福建口音的中年男子如约而至。大约一个小时的光景，刘晓等人陪同中年男子走出饭店，微笑告别。这是一次不同寻常的会见，从此，这位中年男子的命运便与中国共产党的革命事业紧密联系在一起了。这位中年男子，就是吴石。

19世纪末列强侵华，人民困苦不堪，天天过着朝不保夕的日子。吴石1894年出生于福建闽侯县螺洲乡（今仓山区螺洲镇）一个累世寒儒之家。他从小就从父辈那里了解到国家、民族的屈辱历史，小小心田滋生了心忧天下的家国情怀。他少年时就立志投笔从戎，精忠报国，17岁时就勇敢地参加了辛亥革命。后来，他进入了军校，在学校学习期间，他的成绩总是位居第一，这让他不管在哪个学校都是风云人物。留日期间，他敏锐地察觉到了国际风云变幻，便研究起了国际军事问题。回国后，更是名声大震，受到了蒋介石的器重。但后来因为蒋介石的消极抗战、积极反共,他痛苦不堪,更是发出了怒吼:"国民党不亡是无天理。"

不久,吴石开始接触共产党。1947年4月与中共上海分局书记刘晓的特殊会见,更是让他的人生有了新的选择。从此,吴石开始了他的"潜伏之旅"。在国民党内担任的重要职务让他可以接触到更多的机要文件,他借助职务之便,特别是利用与许多手握实权的国民党高级将领的师生之谊,获取了许多极为重要的军事情报。即使面临暴露的可能,他仍旧不顾个人安危,多次冒险向共产党提供国民党的绝密情报,包括国民党的长江江防兵力部署图,图上标注更是细致入微,甚至到了团一级。这些情报对淮海战役、渡江战役的大获全胜起到了关键作用。他用自己的行动证明了自己的初心和对共产党的忠诚,体现了为党奉献一切的精神。

1949年8月,解放战争已接近尾声,战局已定,国民党高官纷纷出逃台湾。作为国民党军方的高级将领,8月16日清晨,吴石携家人乘飞机离闽赴台。飞机顺利落地台湾之后,吴石成了"国防部"参谋次长。在他看来,有了这个身份他就可以获得更多更重要的情报。由于这个职务较高,也有利于保障他的人身安全,减少他人的怀疑,便于继续潜伏。当然,吴石非常清楚,新中国即将成立,自己跟随国民党残余部队进入了台湾,不管前方有什么样的危险,即使是万丈深渊,他都不能退缩,毅然选择继续战斗。

"仇共反共"气氛弥漫全岛,但吴石依然心心念念发展队伍、开展工作，他主动与岛内的共产党组织联系，慢慢了解情况并开始布局，最终铺开了一张秘密情报网。1950年，中共台湾省工委书记蔡孝乾叛变，导致中共在台湾的情报系统遭到覆灭式破坏，不少人被捕。一位情报人员在搜集情报时被国民党特务抓获，敌人从他的记事本上发现了"吴次长"三个字，便开始怀疑起了吴石。1950年3月1日晚，吴石被捕入狱。在狱中，敌人使用了各种酷刑，反复审讯吴石，他的一只眼睛也因受到伤害而失明。因为胸怀崇高理想和对党的无限忠诚，吴石始终没有透露中共的任何情报信息。三个月后，吴石被台湾国民党法庭判处死刑，他和数位勇敢地潜伏在台湾的革命志士英勇就义。

"要知松高洁，待到雪化时。"他们为祖国的未来奉献了自己的生命，只因心中高尚的信仰。即使不知要隐姓埋名地工作到何时，即使知道自己可能无法留下印记，既然选择了这条路，就要为这份崇高的使命奋斗终生。

77 张志忠："台共四大金刚"之一

台湾从 1895 年起就沦为日本殖民地，抗战结束后又被蒋家王朝盘踞，民族矛盾和阶级矛盾十分严重。这一时期，革命火种在台湾遍地生花，涌现出许多优秀的共产党员干部，张志忠便是其中的杰出代表。

张志忠 1910 年出生于台湾台南一个农民家庭。1920 年后，台湾来大陆求学的人激增，多数集中于厦门，张志忠也在此时就读于陈嘉庚的集美学校，14 岁就与友人创办《共鸣》刊物，宣传反日反殖民思想。1927 年蒋介石"清党"后，张志忠大约在 1931 年加入中国共产党。1932 年张志忠回台后一度被抓，后想尽办法脱身返回大陆，1939 年来到冀南军区（属于八路军一二九师）。因熟悉日文，组织派他在敌工部日军工作科担任干事，负责反战宣传，对日军进行统战（比如教育战俘学习马列理论等）。

1945 年 8 月日军投降后，中共中央命令蔡孝乾回到台湾，在旧有的"台湾共产党"的基础上成立中共台湾省工委。张志忠大约在这时候与新婚妻子季沄（共产党员）回到台湾，并担任台湾省工委委员、武工部部长，在"二二八"起义中领导"台湾民主联军嘉南纵队"，给予国民党当局沉重打击。后国民党援兵陆续到达，全台湾起义军联络不畅，各自行动，结果张志忠的部队被打散，不得不化整为零，进入山区或分散到各地继续活动。1949年1月蒋介石下台，李宗仁代理"总统"，张志忠在台湾发起学生运动配合解放战争，还开办干部学习班迎接台湾解放。1950年1月，台湾地区工委全部被国民党当局破坏，省委书记蔡孝乾被捕后叛变，不仅导致我党在台湾最重要的情报人员吴石（有国民党中将军衔）身份暴露，也使张志忠和妻子季沄先后被捕入狱。季沄当年10月牺牲，张志忠也在1954年从容就义。

国民党在大陆一溃千里后，一方面对共产党恨之入骨，另一方面把台湾视为最后的避难所和救命稻草，因此对台共领导的革命活动施行更加严厉的镇压政策。台共自1946年建立后便在极为艰难的环境下开展学运、工运和武装起义。张志忠更是大部分时间躲藏于台湾各地从事秘密活动，但从未有过丝毫怨言。张志忠被捕后，他所领导的党组织在山区流亡的过程中依然不忘抗争，也随时注意发展新党员和根据地。由于张志忠本人系"台共四大金刚"之一，国民党特务希望从他嘴里获得有价值的情报，并未直接对他处以极刑。当时其他三个"金刚"蔡孝乾、陈泽民、洪幼樵以及张志忠的老部下陈福星均已叛变，以出卖同志换取国民党对自己的"宽大处理"，但是张志忠毫不动摇，即使蒋经国亲自来"劝说"也没收到任何效果。最后国民党不得不将他杀害。

1998年，中共中央组织部正式追认张志忠和季沄革命烈士的称号。

78 邓成：戎马一生，离而不休

他戎马一生，离而不休，在离休后兴办幼儿园，修缮革命遗址，助力乡村发展，以耄耋之年做出重大贡献。这位老人就是优秀共产党员邓成。

邓成，1930年10月出生于广西河池。他从枪林弹雨中走来，新中国建立后担任过凤山县县长，1993年1月因年龄原因离休。"莫道桑榆晚，为霞尚满天。"离休后的邓成并没有就此放下工作，颐养天年，他依然跟离休前的工作状态一样，积极为群众排忧解难，为老百姓办实事，先后担任了河池地区革命老区促进会顾问、凤城镇东棚社区居民委员会党支部书记等职务。

1948年，正在家乡上中学的邓成积极响应党组织的号召，在学校就报名参加了凤山革命游击大队，随后他跟随部队先后参加了凤山武装起义、凤山八楼反"围剿"等战役。这几段从军战斗的经历给邓成带来了不可磨灭的影响，为邓成之后修缮革命遗址、传承红色基因、发扬红色精神埋下了种子。革命胜利后，邓成毅然决然地向党组织提出了入党申请，经过审查，光荣地加入了中国共产党。

　　1993年,邓成已经63岁,属于"超期服役"了,他不得不离开所热爱的工作岗位。虽然如此,邓成并没有放弃学习,他潜心研究,成功撰写了《丹霞映山》回忆录。里面记录了党的茁壮成长的艰辛历程和新中国建立以来取得的伟大成就,成为全县党员干部学习、培养党性的乡土教材。2002年以前,因为地处偏僻,凤山县仅有一所幼儿园,导致许多人民群众的孩子无法进入幼儿园学习。为了解决这个问题,邓成把自家的房子改造成了幼儿园,并且收费极少,有效地解决了当地居民孩子入园难的问题。他总是说:"有生之年为孩子们的健康成长做点有益的事,自己苦点累点也值得。"像这样的事,邓成在任职期间做过无数件。为帮助县里人民脱贫,建设新农村,邓成造水库、修遗址、捐善款等,但凡能为凤山县建设尽一分力,他就毫不犹豫地去做。

　　长洲乡百乐村八龙屯是邓成的家乡,更是百色起义的发源地之一。2006年,为了宣传红色教育,邓成在积极向政府申请资金的同时发动家人捐款两万余元,组织人手在八龙屯修缮革命遗址。这些革命遗址也成为广西周边传承红色基因的重要教育基地。邓成曾说过:"父亲把家里的田地全都卖掉,换了一杆枪让我去参加革命,革命精神是代代相传、永垂不朽的。"邓成十分重视凤山县用水问题,离任后一直为这件事奔波忙碌。为此,他深入基层调研,先后撰写了200余份调研报告,彻底摸清了实际情况。凤山县委县政府对此也十分重视,投入700多

万元建设水库。为保证质量和速度,邓成每一个项目都全程跟进,认真核查,亲历亲为。

"中国梦未酬,吾身不会老",这是邓成坚守的人生信念。他的一生是忠于党、忠于人民、忠于国家的一生,是无私奉献而不求回报的一生。怀着一颗红心,践行着党的初心和使命,耄耋之年的他仍然为党和人民的事业奉献着余热。

79 仁增桑姆：忠诚报党恩

每年的3月28日，西藏自治区日喀则市江孜县卡麦乡塘麦村的村委会院子里总会有一位老人，她神情坚定、慷慨激昂地向村民讲述着西藏昨天的历史和今日的变化，让藏族同胞了解今天的幸福生活来之不易。3月28日是纪念西藏解放的喜庆日子。这位老人叫仁增桑姆，是一位有65年党龄的藏族老人。

"是党给了我机会，给了我好意，我一辈子都不会忘记党的恩情。"这是仁增桑姆经常挂在嘴边的话。这位80多岁的老人曾经是西藏的农奴。在旧社会，作为农奴的她深受封建农奴主的残酷压迫，加之宗教的麻醉使他们不敢反抗，如果没有共产党解放西藏，他们的一生将会一直在无尽的黑暗中度过。1935年6月，仁增桑姆在今江孜县卡麦乡塘麦村出生，之后受尽了旧社会的各种折磨。直至西藏和平解放，中国共产党才改变了她的命运。1954年，仁增桑姆进入江孜县建筑公司，从事保管工作，次年被派至紫金嘎西学校进行学习。在校期间，因表现优异，仁增桑姆如愿加入了中国共产党。1956年7月1日是一

 ★ 忠诚篇 ★

个十分重要且具有特殊纪念意义的日子，这一天仁增桑姆自豪地对着党旗庄严地宣誓，她成为光荣的中国共产党党员。她曾说："我有幸加入中国共产党的大家庭，跟上党的脚步。"从此她以饱满的热情投入自己的工作中，哪里有需要，她就去哪里；哪里有困难，她就去哪里。尽管如此，她觉得自己所做的还远远不够，她谦虚地说："我做得还不够，也没有为我家乡的发展做出更大的贡献。"

1957年至1959年，党组织安排仁增桑姆去中央民族学院进行了为期3年的学习。"这是共产党给我的机会，我只有努力学习，认真工作，才能报答党的恩情。"仁增桑姆说。学习回来后，她先后在当时的龙马区、卡麦区、江热区从事藏汉翻译工作。1979年，仁增桑姆因特殊原因离开了她所热爱的工作岗位，但是她作为党员为人民服务的心一直没有改变过。在日常生活中，她主动宣传党的理论、路线、方针、政策，传播科学文化知识，积极参与村民自治和村民管理，不断引导村民要感谢党、听党话、跟党走。仁增桑姆出生于旧社会、在红旗下长大，她深刻地感受到了封建农奴制社会给普通百姓带来的苦难。她知道没有共产党，就没有新中国，更没有今天的幸福生活。她经常对人们说："是党给了我们藏族人民第二次生命，我们必须用一生来偿还。"不忘昨天的苦难，珍惜今天的幸福，仁增桑姆一说就是几十年。

"经历过旧西藏的苦难，将珍惜新西藏的甜蜜。没有中国共产党，就不会有社会主义新西藏，也就不会给西藏人民带来幸福的生活。用实际行动来感谢党、听党话、跟党走！"这是一个献身于党的事业的老党员告诉人们的最深刻的见解。"加入党、追随党，是我一生的追求。"这是拥有60多年党龄，现在已经80多岁的共产党员一生的光荣与使命。

  有一种坚定，就是在血液中流动的信念，就是在眼中闪烁的信念；有一种感激之情，那是口中无尽的话语，那是在心中涌动的声音。仁增桑姆坚持自己的信念："无愧于心，忠诚于党，这辈子要跟党走，下辈子还要做党的人。"

80 谭东：雪山之巅显忠诚

一年四季，春夏秋冬，周而复始。炎炎烈日下，凛冽寒风中，迎朝阳，送晨曦。在滚滚的车流里，在茫茫的人海中，处处都有交通警察的身影。在变幻的红绿灯下，重复着不变的手势，规范指挥，预防事故，无畏无私为人民，微笑中饱含温情，眼神里充满暖意。交通警察是交通安全的导航灯，是生命的守护神，是平凡的英雄。谭东，就是这些忠心为党和人民服务的交通警察当中的模范代表。

谭东，1963年出生于四川遂宁，小时候家境清贫，但贫困的家境并没有压垮他，反而培养了他积极乐观、孝顺父母、乐于助人、性格坚毅的高尚品质。1982年高中毕业后，他应征入伍，成了一名光荣的解放军战士。1984年考入长沙炮兵学院学习通信技术，两年后加入了中国共产党。1999年9月转业到四川省大邑县公安局交通警察大队工作，担任事故预防处理中队西岭执勤组组长。转业到地方后，由于母亲瘫痪在床，谭东每天除了上下班，回家后还要照顾好老母亲的生活起居。执勤期间会经常遇到没钱回家的农民,他就主动掏腰包给他们买票,帮助他们回家。冬季是交通事故的高发期,也是执勤最困难的时期,但谭东始终如一,每天坚持早晚两次对景区进行巡逻。当地司机说:"我们出车早,但谭警官他们比我们更早,看到他在路上执勤,开车心里就更踏实了。"在谭东的带领下,4年来景区50多公里的道路没有发生一起重大交通事故。

2008年1月25日,西岭雪山遭遇了多年未见的特大暴风雪,近千辆汽车被困在危险的结冰路段,近4000名游客滞留山上。谭东心急如焚,迅速带领同事上前进行救援。他们顶着寒风,冒着大雪,在零下10摄氏度的恶劣环境里一站就是一整天,指挥着车辆有序行进。当时,谭东患上了重感冒,发着高烧,有人劝他到医院输液,他却说:"这里那么忙,咋走得开?"一直忙到第二天天亮,他仍不肯休息,同事心疼他,强行把他送到镇医院输液,然而他却只输了2小时,就又回到了自己的工作岗位上,坚持在风雪中连续战斗了5天。

2008年12月29日晚上9点多,谭东接到群众报警,有一辆轿车冲下了西岭镇双河桥头。谭东立即带领同事第一时间赶赴事发现场,发现一辆白色轿车翻倒在离路面四五米的河道边,旁边是一条水流湍急的暗渠,且驾驶员不在车上。谭东当即断定车内人员很可能已经落入水渠之中,于是马上带领群众沿途搜寻,终于发现了落水者。看到水流湍急,落水者随时有可能被冲走,他立即大声呼喊:"我是警察,坚持住,我来救你!"然后迅速脱下外套,将绳索绑在自己身上,毫不犹豫地

跳入渠中救人。他艰难地走到落水者身边后，迅速将绳索绑在落水者腰间并拼命地向上托举，经过数分钟的努力，终于将其营救上岸。

就在谭东勇救落水者的当晚，中队又接到一起交通事故报案，当时谭东二话没说，便要与同事一同出警。同事们看他已经劳累过度，况且刚下过冰冷的河水，便让他先休息，他们去处理就可以了。面对同事的劝阻，谭东坚持不予理会："天太晚了，你们去不安全。"说完便跟着同事一起出发了。第二天，谭东已身患重感冒，但他仍然坚持探望了前一天住院的落水者，留下"安心养病"的嘱托后就继续投入紧张的工作中。谭东让获救者安心养病，却没有给自己安心养病的机会，最终因劳累过度倒在了工作岗位上，经医院抢救无效，于2009年1月5日晚上牺牲，年仅45岁。他用生命把忠诚写在雪山之巅。

图书在版编目（CIP）数据

红色基因. 忠诚篇 / 蒋海升主编；张家豪，李元勋编著. —济南：泰山出版社，2021.10
ISBN 978-7-5519-0659-3

Ⅰ.①红… Ⅱ.①蒋… ②张… ③李… Ⅲ.①中国共产党—党员—先进事迹 Ⅳ.①D263

中国版本图书馆CIP数据核字（2021）第118989号

HONGSE JIYIN · ZHONGCHENG PIAN

红色基因·忠诚篇

策　　划	胡　威
主　　编	蒋海升
编　　著	张家豪　李元勋
责任编辑	程　强
装帧设计	路渊源

出版发行　泰山出版社
　　　　　社　　址　济南市泺源大街2号　邮编　250014
　　　　　电　　话　综　合　部（0531）82023579　82022566
　　　　　　　　　　市场营销部（0531）82025510　82020455
　　　　　网　　址　www.tscbs.com
　　　　　电子信箱　tscbs@sohu.com
印　　刷　山东新华印务有限公司
成品尺寸　148 mm×210 mm　32开
印　　张　8
字　　数　156千字
版　　次　2021年10月第1版
印　　次　2021年10月第1次印刷
标准书号　ISBN 978-7-5519-0659-3
定　　价　36.00元